舞蹈與美學賞析

舞蹈通識、體驗與實踐　　　張瓊方／著

Dance Aesthetics and Appreciation:
General Education of Dance, Experience and Practice

序

　　舞蹈包含身體動作的訓練與鍛鍊，以及如何表達、詮釋與批判的藝術呈現；舞蹈的課程如同很多的實作和藝術課程，能夠帶給學生影響生涯的學習基本功。很感謝實踐大學博雅學部最初為這門課的命名：舞蹈與美學賞析，相信比起舞蹈欣賞所能授課的內容範圍可以比較廣泛且深入。人類學習求學問很重要的就是要能藉由充實知識涵養，提升生活品質，領略美與好；懂得如何賞美與培養美感是修性的基本涵養，藉由修練與培養以具備能賞美的眼光，也就是能夠用美與求好的角度去看待事物，則心靈亦能充實。

　　本書為大學通識課程教材，通識課程重要的是建基於語文、歷史發展、哲學原理等基礎知識；並且對於思考的訓練，無論是擴散的想像力或聚斂性歸納分類思考，都能提供學生運用在日常活中去整理所見所聞的思緒，此外，通識課程相較於專業學習（指學系專門學科），教師在課程安排上總力求簡潔易懂，但卻也不願流於成為營養學分的修習狀況，因此，許多教師為加強學生學習動機，除了在教學方法講究生動活潑的授課方式，且適合融入部分能在實務體驗的課程中學習如何計畫製作與省思的「做中學」方式；本書便透過這樣的思考模式，在內容的安排上，包含了舞蹈的原論、分類方式與觀賞體會等內容；由於最初與出版社討論撰寫內容時，揚智文化公司期望在內容上能參考高中課綱，成為適用於高中表演藝術科或舞蹈科班教材。因此，在撰述時確實也參考國內高中運動與健康的體育課程及藝術與人文的課綱，並且參考了日本的課程內容，主要是日本在數年前就將舞蹈列為中學必修課程；對於表現運動（即興創作舞蹈）教育的起步較早，教學實踐的研究報告也多，相

信在通識的舞蹈學習上是值得參考之處。

　　本書內容分為三部分，含括知識素養篇、舞蹈欣賞篇與表演實踐篇，在第一部分包括什麼是舞蹈、舞蹈的功能、舞蹈藝術和運動的差異、舞蹈可以如何分類、舞蹈和其他藝術間的相關知識等；第二部分則在鑑賞舞蹈的基礎知識引領下介紹了芭蕾、現代、民族等舞蹈，也討論了舞蹈在電影中的樣貌；第三部分則提供體驗肢體動作與作為表演活動的相關概念；這幾年由於智慧財產權及教學實踐研究倫理的重視，幾經考量，故幾乎並未放上任何圖片與演出或學生實作的照片，這或許是較為謹慎的做法。但教師在教學時可藉由課本的資料為基礎，建立議題，透過課堂的討論與體驗實作，豐富課程學習的內容。

　　每每在教授這門「舞蹈與美學賞析」課時，總能感覺師生間的友好互動，教學相長的收穫，因此，期待藉由本教材透過知識、實務的學習，閱讀學習者能拓展寬闊的視野，領略生為人類的幸福感～讓舞蹈豐富了您的人生。

張瓊方　謹識

目　錄

舞蹈與美學賞析

知識素養篇

　　會跳舞是一件令人欽羨的事，跳舞的全身性參與很容易讓人投入其中，因為投入專注、融入動感而歡欣、揮汗而鼓舞，如果跳舞還能成為與人交流或與他人分享的素材，則「跳舞」這件事更多了一層意義。第一章為概論，分為三個部分，首先介紹什麼是舞蹈，即舞蹈的定義；其次，以舞蹈的功能為題，簡單討論舞蹈於藝術文化、休閒參與及學校課程的定位；第三部分則將以象限區分的方式概略說明舞蹈的分類。

概說舞蹈

- 舞蹈的起源
- 舞蹈功能
- 舞蹈的類型（論現況）

一、舞蹈的起源

說到舞蹈，有很多人總是會立刻表達自己是舞癡，舞蹈笨癡，認為自己對舞蹈一竅不通，一跳起舞來鐵定笨手笨腳，不美妙的動態會被顯露出來。不過……

【觀察一】

在車站裡的某個角落，幾位青少年只要有點兒空間空地就能聚在一起跳「街舞」，人可以不多，甚至只有兩個人，你跳完、換我跳，互相切磋或在「尬舞」！沒輪到跳舞的人仍蹲在一旁，參與欣賞，或者忙著思考待會兒自己要怎麼跳。

【觀察二】

以為早上已經沒有人在跳「媽媽土風舞」了，但某日上午在公園草皮還是看到一群成年人在跳舞，不是只有媽媽啦！也有看到男士，伸展、屈膝、踏步，像「體操式舞蹈」！不過，之後的舞步也挺有變化，兩人兩人湊成對，換手轉身，有點「社交舞」形式！類似這樣，成人聚在一起，以女性偏多，因為在較寬廣的空地跳，現在受中國大陸的影響，把它稱為「廣場舞」。

【觀察三】

晚上到文化中心戶外廣場，一群群的人都在跳舞，街舞、社交舞、武術劍舞，還有從頭到尾只看到腳部在做變化，上半身隨之搖擺而已的舞蹈，「律動舞」嗎？總之，隨著音樂或動作變化愛跳什麼舞就跳什麼舞。

【觀察四】

　　韓風來襲，去韓國仁川看演唱會，不是阿里郎的韓國「傳統舞蹈」，而是偶像、歌舞、媒體結合的「MV舞蹈」，從「少女時代」[1]到周子瑜、俊男美女，連藝人歌手來到學校演唱，也問學校舞蹈社的學生跳得如何，是否可以配舞，學校社團只要有可以看到自己舞姿的鏡面前，學生都在跳舞，每年各校啦啦隊競賽、手機模仿影片在學「流行舞」。

　　總之，跳舞的人口不少。本來跳舞就是人類的本能，不分男女老幼誰都能「跳舞」。

(一)舞蹈的定義

　　舞蹈是什麼？「舞蹈」應該怎麼定義？「手之舞之，足之蹈之也」不就是舞蹈嗎？

　　中國文字「舞」下半部說文解字為「用足相背」，表示眾人用足跳舞；而「蹈」因為足部，意味用腳踐與踏；甲骨文字的「舞」字（𣠦）形似「手持物」而舞，跳舞時確實用了手、腳，也可以手持道具而舞。雖然使用手持道具在跳舞並非全然，但彩帶舞、飄扇舞、刀舞、槍舞或劍舞，都是運用道具來跳舞。

　　在同樣使用漢字的日本，舞蹈的漢字為「舞踊」，是由小說家坪內逍遙[2]和福地櫻痴[3]根據舞蹈的型態特性所造的詞，將「舞」和

---

[1]「少女時代」為2007年韓國演藝圈推出的九人女子團體，表演形式都是邊歌邊舞邊擺pose的組合。

[2]坪內逍遙（1859-1935），日本小說家、評論家、翻譯家、劇作家。1904年為了倡導舞劇改革的《新樂劇論》中使用了「舞踊」這個翻譯詞。

[3]福地櫻痴（1841-1906），本名福地源一郎，歷經日本幕府時代跨明治時代的武士，櫻痴是其號，是文學家也是政治家，建歌舞伎座，力圖演劇改良運動，對日本演劇和文學有著相當的影響力，著有《春日局》、《往事衰亡論》等小說。

「踊」兩字的結合，「舞」是指移動繞圈，「踊」有足部首，可以知道是強調用腳，跳起來，於是舞蹈的樣態有移動、繞圈、跳起。

「舞」與「踊」是相並的，它根本的差異點，「舞」是模仿某種型態的，是人為的，有意識，有目的，有技巧，有次序，表示雍容高雅，另一方面也是一種魔術性行為，如利用於取神的祈禱動作就是，裡面尚稍含有阿諛獻媚的意味。而「踊」呢，卻是興之所致，感覺有趣時的忘形表現。（李天民，1964）

英文舞蹈為dance，法語為danse，其語源是古拉丁語的deante，原意是緊張和放鬆的連續、延伸和張力，意味著舞蹈伸張的動作型態。情動於中而行於言，言之不足則手舞足蹈，言語是人類溝通的工具，當說話說到更激動盡興之時，免不了手足舞動起來，「舞蹈」被視為表達溝通的一種方式，藉由身體的動作將欲表達之事展現出來將訊息傳遞出去，換言之，舞蹈表現傳達某種意象與意念，或者用於抒發情感，當情慾激動或表達意思時免不了伸張、緊張，讓人們可以藉由「舞蹈」作為表現與表達的工具。

由於人類藉由動作來表達情感，故舞蹈的歷史便和人類的歷史一樣久遠。舞蹈是人類一種傳遞訊息與溝通的方式，無庸置疑跳舞要動身體，手、腳、軀幹、頭都會用到，不過，如果「手舞足蹈、動動手腳」就是在跳舞，那每個人每天無論工作、休閒、運動就都在跳舞了。或許有人會說「舞蹈要有音樂」，但也看過沒有用音樂伴奏在跳舞的情況，舞蹈現象是以人的身體為媒介的動態時空藝術。現象的核心就是感覺到動作、意象、韻律融合的流動，人類身體本身就是樂器，身體做動作會有節奏性、斷續、延長包含了音樂性，也有編舞家會創造出沒有音樂伴奏的舞蹈。

(二)原初舞蹈

　　舞蹈是一種以人體的動態形象反映人類社會生活的最古老的藝術形式之一。多數敘述舞蹈發展相關的文獻證明舞蹈起源得早，舞蹈「作品」常見於人類最早期的繪畫或雕刻中，青海省大通縣上孫家寨的一座墓葬裡出土的彩陶盆，根據考古學家鑑定屬於新石器時代文化類型，陶內壁上部畫著，五人一組結隊，人們手拉著手像是在跳舞、印度比姆貝特卡（Bhimbetka）的岩石壁畫、埃及墓壁畫都有樣貌類似在「跳舞」的古老舞蹈原始圖。在介紹舞蹈歷史的書上總是強調舞蹈是人的本能，說自有人類就有了舞蹈。原初的舞蹈型態展現了下列特色：首先，是對**生命的欲求**，人類思想和欲望訴諸於身體表現尋求與他人的共感，歡喜、悲傷、威脅、希望等。模仿他人、接受或承繼他者，伴隨著生活技術，互通有無的溝通手段，我們可以從原住民舞蹈看到祭祀、狩獵、慶豐收等舞蹈都是他們生活的一部分。其次，**律動性的動和舞蹈特色**，人類學者和動物學者觀察動物的行為，這種動態有如舞蹈般的呈現，是一種律動性的特徵，原住民舞蹈中步行踏並律動化顯示日常行為的律動化。第三，是一種**假想力的創造與組織化**，舞蹈屬於人類的精神文化，它並不是現實的舞動，根據創造性的假想力舞動，讓生活的狩獵、戰鬥、旅遊等模仿、記敘描寫、模仿的假想**虛擬力**（virtual force）和組織結構化就能再現或練習，在舞蹈中展現戰鬥、狩獵、遊戲的精神，提供表達想像的方式。

二、舞蹈功能

舞蹈的意義指舞蹈所能具備的功能，人為什麼而舞？看舞或跳舞有什麼用處？

【情境】

參加舞會，舞會會場大家都隨著音樂而舞，時而大家圍成一個圈，一位一位輪流到圓圈中秀舞。頭一次參加舞會的小方雖然跟著跳也跟著全場的步調，但心中納悶，他不知道這樣亂扭亂動，是為何而跳。他跟同學說：「我不喜歡舞會，不知道自己這樣亂扭有何意義？到底為何而跳？」，同學卻說：「是嗎？我好喜歡去舞會呢！什麼都不用管，覺得被解放的感覺，釋放壓力！」

每一個人跳舞的目的不同，能獲得的感觸也不同，如果跳舞對你來說其功能是一種正向的改變時，這就是舞蹈的效益。

在個人自我的表現與人類相互的溝通中，舞蹈於人類文化中萌芽；在現代人類生活中，舞蹈在宗教、藝術、教育、療育、藝能、娛樂等相關領域產生。（頭川昭子，1995）

(一)舞蹈之於藝術與文化

藝術（art）是一種人類活動，以創造視覺、聽覺或表現表演，表達創作者的想像力或概念性或技術技能。舞蹈如果被視為藝術，則要涉及審美評斷或情感力量的讚嘆等藝術觀點來看待舞蹈。此時，舞蹈必須是一種富含創作與表達的作為，講究素材題材、色彩、線條、質感所帶來的感受性；由於藝術是一種交流的工具，藝

術的傳承包含表達、美感，透過形式儀式象徵、符號、概念來呈現藝術品。「我喜歡！」、「它讓我感受到一股力量，激勵了我。」等等的評斷。

　　將舞蹈視為藝術，和將舞蹈視為文化，其觀點有些相似之處，但**文化（culture）**此字的意義和其所能涵蓋的範圍很廣泛，文化泛指人類生活的總體，藝術是文化的表現形式之一。因此若將舞蹈視為一種文化，則包含所有藝術舞蹈、大眾舞蹈、民俗舞蹈等，文化沿襲了人類生活的方式，繼承了人類生活的形式，很容易理解的是我們在原住民舞蹈中可以窺視舞蹈起源於對生產勞動、戰鬥、社會生活動作的模擬再現，圖騰崇拜和表現、交流思想感情的內在衝動，可以看到原住民族的生活型態。不過，文化的普遍性存在於人類社會之中，所以文化與社會的變動趨勢息息相關，舞蹈也會隨著社會變動、政經的變化有相應的族群會產生潮流文化，有所謂「這樣才酷」、「這才時尚」、「這是當代國家民族所需要的」的流行舞蹈產生。

(二)舞蹈與優質休閒

　　如果將舞蹈視為一種休閒（leisure），則舞蹈是一種活動（activity）或娛樂。**娛樂（recreation）**是休閒的活動或經驗，有時只是單純為了殺時間，舞會搖頭晃腦，為何而動？因為欲尋求釋放或宣洩壓力或情緒。

　　休閒活動的目的在於自由時間（free time）的運用，以及**休閒的行動（leisure as action）**和對於**心靈狀態（state of mind）**的影響。休閒生活在生命週期中都很重要，可促進控制感和自我價值感，可以從休閒的身體、社交、情感、文化、精神方面受益；舞蹈若視為休閒或作為休閒的方式也能引起這樣的作用。

　　人類參與休閒幾種情形，或將舞蹈作為休閒活動時，根據參與的容易程度或以參與意圖及所需投入程度、能力來區分，可以有下列幾種情況：第一類，是將舞蹈視為**觀賞性休閒**，用眼視覺感官就能看舞，尋求某種感官上的刺激為目的，喚起情緒上感受，無論用手機看照片、影片，或是在家看節目影片，或到表演廳劇院看演出，所需要付出的體能與社會技巧不需要多，有時是個人甚至是被動地被邀請而已。第二類是將舞蹈視為**社交性休閒**，雖然嚴格說起來，幾乎所有的休閒活動都能具備社交功能，但如果目的是期望能與人共舞，或能夠與人對話交談促進人際互動建立及維持友誼，那所需具備的社會技巧較多，需要懂得配合對方或理解如何通力合作，和別人共同達成目標的「社交活動」，感受社團參與的歸屬感。第三類則不可否認舞蹈是需要用到身體的**體能運動**，跳舞需要身體力行付出體力才能參與，學習動作技能技巧，在心智上、情感上、體能上均要投入，甚至還要處理合作及競爭等要素。舞蹈以身體為媒介，身體基本動作的技巧與運作，促進新陳代謝循環、血液循環；因為身體的操作肌肉力量、關節能活動、體力增強，是需要身體運動，在動態活動中相信多動有益身體健康，舒展身體與運動能培養體能恢復精神。第四類則讓舞蹈能夠成為**自我實現與創作**的素材，如果舞蹈能夠成為創作工作則需要相當程度的自我投資，投入心智精神以學習技巧或跟隨指引，因此能獲得自我實現的有能感，獲得回饋與報酬，舞蹈益智怡情、陶冶性情、創作即興，能從從事的過程中感受解決問題的樂趣。

　　如此看來，舞蹈視為休閒則有上述四種功能，觀賞休閒、作為社交活動、身體能力的鍛鍊、實踐與創作的理想。**優質的休閒**（leisure wellness）至少包含身體與心理的健康、心靈或智識能感到充實、人際溝通與互動的社會性等三方面的效益，甚至表達意念、自我實現與創作可以建立自信使得心靈提升，造就心理的健

表1-1 休閒效益

健康身體心理	心靈充實滿足感	社會性支持
放鬆釋放抒壓	學習	人際關係
消除緊張	刺激	參與
運動	挑戰	互動
運動技巧	經驗實現	友誼
治療復健	發展興趣	歸屬
體適能	欣賞鑑賞	對他人關心
恢復精神	文化覺察	夥伴
愉快自信	問題解決	
生活平衡	成就感	

康；能夠在參與體會學習期間或過程領略到有收穫的充實感，能感到慰藉、安心、豐碩滿足的心理狀態，尤其在參與休閒的過程中，往往需要探索或學會解決問題，因此在成功的過程中，可以正視自己的價值、成就感、教育性意義。

(三)舞蹈在學校教育的位置

教育（education）是促進學習或獲取知識、技能，形成價值觀、信仰與習慣的過程。因此，從教育論舞蹈的功能，則其所涉及的效益不論是在藝術教育、身體教育、社會文化教育都能以舞蹈作**為教材教法**，來發揮舞蹈在教育上的功能。

無論是古代或是現在，舞蹈一直可以被取材於教育的課程與教材之中，作為教育學子的方法之一。台灣的舞蹈教育一般學生係於國民小學暨國民中學的藝術領域的音樂、視覺藝術與**表演藝術**（performing arts）中含括舞蹈，普通型高級中學則必修中包含音樂、美術與藝術生活，其中藝術生活包括視覺應用、音樂應用與表演藝術；加深加廣選修課程中教師可透過表演創作、多媒體音樂、基本設計、新媒體藝術等學習內容中統整綜合將舞蹈融入課程。另

外，提供專業訓練的舞蹈教育，在體制內還設置有舞蹈班，小學於三年級起設置的舞蹈藝才班，國民中學與高級中學均設有舞蹈班，大學設有舞蹈相關學系，無論是綜合大學、藝術大學、體育大學皆設有專門學系，此外，大學通識課程也多設有涉及與舞蹈關聯的課程。

日本在大學以下，以小學、中學、高中的課程中，舞蹈未設置於藝術領域，藝術領域包括了音樂、美術、工藝、書道四科目；舞蹈被置於體育課程之中，課程被稱為「表現運動」，但到了大學則除了通識教養課程外，無論在藝術、教育或體育或舞台藝術、演劇舞蹈設計、比較社會文化學、人際文化創成科學等各類相關學門中都設有舞蹈專攻課程或專攻科系，但多屬於**人文學科**（humanities）。

總而言之，舞蹈科目本身可以是一門很大的課題，體育、通識素養、藝術，學生藉此瞭解身體、探究美感，也學習表現表達的方式，學生透過瞭解舞蹈為何的過程，也透過舞蹈而學習到更多。

【觀察五】

台灣非常獨特的教育制度——舞蹈班，還有舞蹈專業學系的舞展或畢業展。「舞蹈班」讓兒童從小（小學三年級起）就能在學校制度中接受專業的舞蹈訓練，這樣的制度栽培了不少人才，它們每年舉辦舞展展現教育成果，讓家長、親人或一般大眾有機會接觸觀賞與認識到「芭蕾舞」、「民族舞」、「現代舞」、「即興與創作」等舞蹈教育成果展示作品。這樣的教育制度也讓這些從小就進入專業訓練的舞者們成為台灣懂得也喜歡賞舞的重要觀眾群。

三、舞蹈的類型（論現況）

　　舞蹈的類型樣貌很多，也可以依照不同的基準分類。**圖1-1**根據目的舞蹈的場域空間，橫軸從社交活動到表演上演，縱軸從單一民族的舞蹈到泛世界國際通行的舞蹈，舞蹈簡單可以分為兩大類或四大類。

　　當舞蹈為各個族群民族的社會活動或交流方式時，舞蹈從人的本能韻律動作出發，產生舞步和律動的方式，這些舞蹈配合著各地的歌謠或音樂，可能成為一時的流行或產生新的舞蹈，社交舞、各地民俗藝能舞蹈、現在年輕人聚會所跳的街舞或成人聚集所跳的廣場舞等。

　　展現各地風土的舞蹈，草原、高山、農耕等地域風土、氣候、生活型態不同，社交交流與文化風俗不同，身體動作展現出來的動態感就不同，因而產生各式各樣的舞蹈，這樣的舞蹈被稱為**土風舞**（folk dance）。華爾滋、維也納華爾滋、恰恰、鬥牛舞、森巴是常聽見的**社交舞**（social dance）名稱，當其舞之韻律、舞步被收集彙整形成**國際標準舞**。

　　為了表演而展現的舞蹈，由編舞家的靈感、意象，透過訓練有素的舞者表演，經過歷史的淬鍊，具備古代的形式也形成特定的文化特徵。

　　各個民族所跳傳統舞蹈是社會文化的重要遺產，無論朝鮮族、哈薩克族、維吾爾族等民族單一代表或中華民族由複數以上的民族所組成，這些舞蹈經過民族與國家之專業職人在表現上求精與洗練，已經可以成為以上演呈現能展現民族文化色彩的**民族舞蹈**（ethnic dance）。

　　眾所聽聞過的**芭蕾舞蹈**（ballet），起源於歐洲義大利宮廷，

後傳至法國再流行於義大利、俄國宮廷，有富麗堂皇的宮廷意象，在動作上發展成女子腳穿硬鞋，踮腳站立、踮腳旋轉技巧、腳步動作瑣碎等特殊技法，可以具有劇情，表達的肢體語彙、藝術形式上演的舞蹈，可以說是代表西方文化的古典舞蹈。而**現代舞**（modern dance）崛起於二十世紀的舞蹈形式，多元呈現與芭蕾不同，強調對人體的束縛、赤腳、服裝無拘束地自由表現。至今科技在進步，舞台上電腦投射、大型現代化裝置，產生前衛舞蹈，可以於劇場上演舞蹈的類型名稱仍不斷在增加。

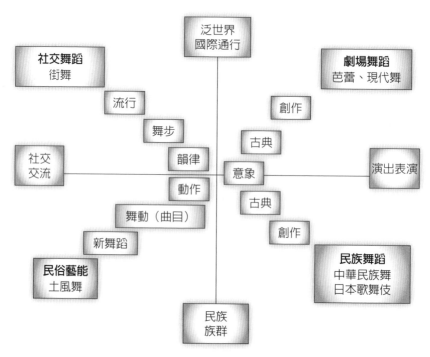

圖1-1　舞蹈的類型

Chapter 2

舞蹈藝術與運動

- 藝術運動
- 表現運動
- 有氧與瑜伽
- 體能

　　舞蹈是運動體育？還是藝術？我們觀看奧運運動競技比賽，看到水上芭蕾、花式溜冰、韻律體操等都會覺得很有舞蹈性，有時不免也自行擔任起裁判或評審，以外行者用自己的欣賞方式去評分，等成績出來時再確認自己的眼光和國際裁判的標準是否接近。由於舞蹈教育中，舞蹈應該放在體育課還是藝術課授課一直都是被討論的議題。本章以舞蹈藝術與運動為題，便是將舞蹈藝術與體育運動的舞蹈分開，重點置於說明體育運動的舞蹈的觀點，可以瞭解運動項目或體育課程中舞蹈的意義。

一、藝術運動

　　有些運動項目和舞蹈有著很相近的樣態，例如韻律體操、水上芭蕾、競技啦啦、花式溜冰等，都是在一段時間內、特定的場域廣場以一連串的動作實施身體的運動，這樣的身體動作舞動的表現過程，設定了表現評分的規定，可以作為競技比賽的運動，由於也伴隨音樂而舞動，動作的編排也須經過設計，動作樣貌具有多樣性，有所謂**藝術運動**之稱。

　　例如，**花式溜冰**（figure skating），如同英文名稱在冰場上以滑行、步行畫圖形，也與舞蹈和水上芭蕾一樣，選手穿著美麗有造型設計的服裝，以動作、技巧配合音樂在一定的時間內表現。**水上芭蕾**（synchronized swimming）也被稱為**藝術游泳**（artistic swimming），是游泳、體操和芭蕾等各種技巧糅合而成，具備舞蹈表演和藝術造型的游泳類項目之一，和舞蹈一樣可以個人或團體表演，所以有個人和團體競技項目，裁判根據動作的高難度、正確性和舞蹈組合、藝術表現力來評定得分。這些運動在場地空間上有很大的限制，台灣的處亞熱帶終年不下雪，體驗過滑冰的人可能寥寥無幾，冰上運動難以成為流行；但在花式溜冰項目，東北亞的日、

韓已經都能看見在國際舞台上嶄露頭角的選手。不過，四面環海的台灣，按理具備發展水上運動的條件，可能受到場域和教練師資的限制，致能有機會參與理解水上芭蕾或花式溜冰者不多。透過電視賽事轉播還是可以知道，無論體操、水上芭蕾、啦啦隊等活動，都可能使用音樂配樂，隨著音樂的節奏性與旋律風格舞動身體，進行身體的表現。

另以韻律體操為例，**韻律體操**（rhythmic gymnastics），又稱**藝術體操**，日本人將其稱為「**新體操**」，一般競技時選手手持手具，包括繩（rope）、環（hoop）、球（ball）、棒（clubs）、帶（ribbon），不但要操作手具還要同步做動作，與舞蹈更為相近。當然韻律體操亦可徒手表演，但通常「徒手」是給初階幼兒童選手作為比賽項目的。韻律體操競賽在項目上也有分個人和團體競技，在表現上融合芭蕾、體操的運動。

韻律體操裁判評分的規則包括技術性、藝術性和實施。技術性指的是動作的難度和實施的結果，在評分規則上有定義難度並區分等級，例如串聯比單獨做一個一個動作，難度就不相同，當然因為動作有難度所以表現出來的完美程度，即實施的狀況就不同，例如預定要轉720度的單腳旋轉，卻僅轉了360度則表示未達難度標準，此外，拋出手具後要接手手具時卻險些漏接，位移走步了一小步才接到手具，做平衡動作時微微晃動也會被扣實施的分，當然也就表示動作實施的情況不好，就會被扣分；走步一步和位移走步了三步才能接到手具，也顯示失誤程度的不同，實施的扣分也不相同。韻律體操選手通常在規定的一分半內要完成表現，評分項目中的藝術性，也包括了動作的多樣性，但同樣的動作不被期待重複地出現，第一次做這個難度的動作手具用這樣的方式搭配，再次表演就必須更換不同的動作，手具以不同的操作方式配合。

說到此應該就可以理解舞蹈和競技運動的不同了！舞蹈如果

是為藝術表現，可以不必具有難度技巧，雖然舞者如果具備動作技巧的能力，舞蹈不強調動作的難度，動作也可以重複，有時重複反而是一種表達呈現的特徵，動作技巧有助於表現，但卻不是必然的標準。在韻律體操比賽評分項目上，含技術性（難度、實施）和藝術性，難度動作的項目也列出跳躍（leaps）、平衡（balances）、旋轉（pirouettes (pivots)）等，手具操作（apparatus handling）應如何配合，對於實施（execution）的完美性也都列出具體的要求。在此，以台灣已經辦理半個世紀以上的全國學生舞蹈比賽的評分內容來看，主題表現占30%，音樂占10%，服飾（以配合舞型、適當為宜）占10%，舞蹈藝術（包括編舞、創意、舞技）占50%的標準，就可以知道舞蹈與運動在競演時著重的點並不相同，特別是當一項競演活動被列為國際賽事時，比賽的條件與規定就必須力求客觀與嚴謹才能避免爭議。

二、表現運動

　　體育（physical education）即身體教育，在學校教育中狹義的定義為在一定時間安排學生從事身體活動，以大肌肉的活動為主的課程，鼓勵學生從「動」中學習。現行台灣的教育體制與課程中，在國民中小學設有「健康教育」與「體育」，高中課程則設有「健康與護理」、「健康與運動休閒」（模組）屬運動保健相關的課程。舞蹈在這些課程中與體育、健康與運動休閒比較有密切關係，而根據課綱訂有所謂「表現類型運動」，是將舞蹈、體操和民俗運動作為學習的方法，也就是說，台灣學生在教育體制下學習舞蹈，在體育身體教育的領域體操與民俗運動有關聯性，舞蹈雖然是一種表現，但卻要保持身體教育所具備的運動。

　　從**表2-1**可以看到學校教育中，舞蹈的學習透過國小低年級

唱、跳，到中年級轉變成音樂律動；而低年級模仿性的律動遊戲轉
變為模仿型創作，加上土風舞遊戲，高年級則主題式創作，土風舞
遊戲變成各國土風舞；舞蹈中的身體基本動作練習則由體操課程中
學習，從翻滾、支撐、平衡懸垂到擺盪，再進階至跳躍、旋轉、騰
躍；民俗運動也包括基本動作練習，但以遊戲的方式、串接、組合
成舞蹈表演。國民中學課綱中，編訂舞蹈的學習由國民中學的主題
式創作與土風舞進階進入自由創作舞蹈與社交舞；高中階段則強調
編排與展演。

表2-1　學校教育中「表現類型運動」的學習內容

國民小學	國民中學	高中
體操、舞蹈、民俗運動 【低年級】 翻滾、支撐、平衡、懸垂遊戲 唱、跳與模仿性律動遊戲 民俗運動基本動作與遊戲	體操、舞蹈、民俗運動	體操、舞蹈、民俗運動
【中年級】 擺盪動作 音樂律動、模仿性創作舞蹈、土風舞遊戲 民俗運動基本動作與串接		
【高年級】 跳躍、旋轉與騰躍動作	徒手、器械體操動作組合	徒手、器械體操成套動作編排與展演
主題式創作舞、各國土風舞	自由創作舞蹈、各種社交舞蹈	自由創作與社交舞蹈動作編排與展演
民俗運動組合動作與遊戲、簡易性表演	民俗運動進階與綜合動作、個人或團隊表演	民俗運動團隊創思展演

鄰近的日本國，在學校教育的體育課程中也有被稱為「表現活動系」的課程，「系」當然也代表了「系統‧系列」，強調關係與關連，表現‧創作活動、日本鄉土舞蹈、外國民間舞蹈。

日本的舞蹈教育根植於體育課程中可推溯至明治維新時代。由於明治維新以社會現代化國際化為目標，教育是重要改革的目標，對於女子的教育也強調重視，女子體育以體操、舞蹈這類被當時視為更適合女性的運動就被融入體育課程之中。換言之，日本學校舞蹈教育可能比起亞洲諸國算是起步得早。

1881年的明治時代日本的學校教育中，「舞蹈」被視為屬於女子的運動。日本舞蹈教育家松本千代榮[1]積極創案以舞蹈刺激想法的創作教學議題，由於她也會彈奏鋼琴，對音樂即興伴奏引導日本體操活動競技表現的教學實踐研究績效顯著，其後更於日本知名御茶之水女子大學設立「教育學科表現體育專攻」（即日後的舞蹈教育學科），著有《舞蹈美的探究》、《表現舞蹈學習指導全書》等，是積極發展創作舞蹈的舞蹈教育者。日本至今仍有名為《女子體育》的教育雜誌，內容多以舞蹈教案為主，就可以知道舞蹈在女子體育的位置。1989年，日本文部省將舞蹈改訂為男女皆可修習的課程；最大的突破是在2008年改訂的學校課程中，文部科學省所新訂的學習指導要領中，「舞蹈」和「武道」被修訂於在2012年須全面規定為「保健‧體育」中的必修課程，而且是男女學生的必修課程，但舞蹈課程的內容可以在「創造舞蹈」與「現代舞」兩項作選擇。

另一方面，日本幼兒的舞蹈教育起步亦早，舞蹈家江口隆哉[2]

---

[1] 松本千代榮（1920-），被視為舞蹈教育之母，曾擔任奈良女子高等師範學校附屬小學教師，後任教於東京教育大學（現日本筑波大學）、御茶之水女子大學。

[2] 江口隆哉（1900-1977），日本舞蹈家。曾赴德國留學，並於舞蹈學校習舞。1934年與其妻成立「江口‧宮舞踊研究所」，對現代舞蹈的影響很大。

其門生由現代舞爲發端對日本體操體育、幼兒教育遊戲的發展有著非常大的影響。各國會訂定幼兒教育課程學習領域，而日本幼兒保育的學習領域指定了健康、人際關係、環境、語言、表現五個領域，就可以知道「表現」是幼兒重要的學習內容。小學的創作舞蹈以模仿活動和具象事物在動的樣態，從簡單的模仿，例如模仿蝴蝶飛舞要想像其「輕」、「柔」的樣態，到模仿火箭要發射「力強」、「大」、「激烈」，或是像火山爆發「熔岩流動」、「抵抗沾黏熔漿」的想像表現。中學所設定主題以身體各種連續動作變化的演練，提示需懂得學習更「用心地」表現，考量「個人與集團」間該如何地動，並於課程內進行發表與鑑賞的課題。高中則以作品創作爲主，著眼於主題動作與隊形、空間的變化，學習「下功夫」舉行發表會等活動。根據學習指導要領的說明，日本的舞蹈以創造力、表現力、美性的表現爲本質，幼稚園的舞蹈課程以遊戲活動表現環境中自然、社會、人、物、氣氛；小學低學年身體的表現活動是生活科活動上的活動體驗和基本的運動、模仿的運動中會學習到的內容；小學中高年級以土風舞和表現，即興表現與學習溝通；中學創作舞蹈和土風舞；高中創作舞蹈、土風舞、社交舞蹈及其他舞蹈、現代舞和街舞等。

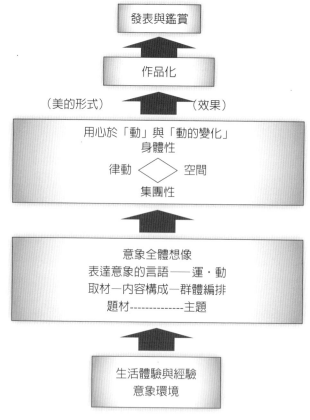

圖2-1 表現運動系舞蹈課程進程的概念圖

三、有氧與瑜伽

(一)有氧舞蹈

　　有氧舞蹈（aerobics）在1980年代曾經非常流行。大學體育選修課程也常看到有氧「舞蹈」課程。所謂「有氧」是根據運動生

理相關理論有氧運動與無氧運動而區分，雖然台灣多稱之為有氧舞蹈，但國外多僅稱aerobics。在運動生理學上，是從身體能量供給代謝的角度談有氧與無氧的運動型態。有氧指在運動是需要呼吸長時間持續需要氧氣供給的運動，必須注意吸氣與吐氣間換氣調節，達到心肺耐力訓練效果的運動。相對於有氧則是無氧，因此無氧運動用簡單易懂的方式來說就是指要「一鼓作氣」表現出來的運動，生理在短時間內提供身體能量，在運動過程中不需要氧氣供給。由此可以理解，有氧與無氧二者很難嚴密界定，有些運動型態屬於介於有氧與無氧的混合型運動。

表2-2　有氧與無氧運動項目分類例

有氧運動例	混合型運動例	無氧運動例
步行、慢跑、高爾夫、長距離游泳	足球、美式足球、排球	短跑、跳高、舉重

　　這樣說來，有氧舞蹈不是舞蹈，是一種運動訓練的方式；「舞蹈」運作方式可以作為身體運動訓練的方法之一，舞蹈練習或演出的整段過程往往是有氧運動，需要調節呼吸、持久力；舞蹈動作呈現時的大跳躍或急速的跑是無氧運動。

　　舞蹈是一種混合型運動，如果要練習所謂有氧運動就必須具備有氧運動的意義，也就是說，每次練習一定要有相當程度的「持續」，吸氣—吐氣形成非常有節奏性的踏步或全身跳動方式運動，依照能量消耗程度和力量的「衝擊」程度可以分為低衝擊有氧舞蹈和高衝擊有氧舞蹈，也就是說低衝擊的有氧舞蹈以踏步或全身跳動和上身搖擺為主；中高級則都以跳動跑步為主；當然可以設計混合有氧結合各式動作，甚至也發展出拳擊有氧，加上了出拳與踢腿，也可以在出力時口中發出「哈、煞」等嘶吼聲，讓有氧舞蹈帶點兒

宣洩情感和趣味性。

　　基於健康運動的立場，比起無氧運動，有氧運動較被推廣，因為對於心臟、血管的刺激不會過於勉強，心拍數增加和血壓上升較為輕度，因此對心臟的負擔較輕，乳酸堆積少，因為長而持續的時間讓運動總消耗的能量對健康的效果認為較好且安全性高。

(二)瑜伽

　　眾所周知**瑜伽**（yoga）源於擁有古老文化的印度，這也讓瑜伽感覺具有神秘難以理解的一面。現在，瑜伽常被視為一種修練，學習控制身體或控制心理的生活態度，是一種修養方式；但在體育或運動上提到的瑜伽，指調節氣息「**體位**」方法，類似於舞蹈身體動作的姿勢與位置，當然也包括心理狀態的冥想，因此瑜伽被視為是身心養生之道。

| 英雄第三式 | 樹式 | 舞蹈式 | 英雄第二式 |
| 貓背伸展式 | 駱駝式 | 坐姿扭轉式 | 新月式 |

圖2-2　瑜伽中身體的形

最常聽說的是**哈達瑜伽**（Hatha Yoga），由於訓練方式包括姿勢、呼吸和放鬆技巧，因此這幾年在一些學校也成為體育課程的選修課程之一。「哈」指太陽，「達」指月亮，意味著陰與陽、男與女、日與夜兩者的平衡，意即對身體的平衡之鍛鍊。由於瑜伽被稱為能加強身體意識、增進身體健康和減輕預防壓力、獲得幸福感，讓體適能業者和倡導養生者將瑜伽混合了不同的練習瑜伽方式，開發了各式各樣的瑜伽課程，例如有所謂經絡瑜伽、有氧瑜伽、繩瑜伽等。

(三)呼吸

舞蹈講求所謂的氣與韻，氣是呼吸的調節，韻是身體的線條，氣韻則是身體在做動作運行時，必須調節呼吸，基本上身體向上伸展提升的動作是吸氣；身體蜷曲放下的動作是吐氣，吸氣與吐氣形成身體線條上與下起伏的畫圓或曲線，因此展現出內在生命力顯現出來的具有韻律美的型態。事實上，無論中西所發展出來的多數的身體操作活動，都很在意呼吸方法的配合，常聽說的「彼拉提斯」（Pilates）動作操作方法會配合胸式呼吸，其原因是因為彼拉提斯運動起初的設計是為了戰患傷者身體復健之用，胸式的呼吸在操作上對身體的負擔較輕。而中國人在練習戲曲身段，或打太極、氣功，也都在意「氣息」的調節，氣息指的就是呼吸的方法，因為「氣」若不順暢，呼吸不懂得調節，就會產生一般人所說的「岔氣」感，運動和動作表現就不能感覺順暢。在醫學上，西醫重視呼吸與循環系統，強調心肺功能；而漢方的醫學觀都講究氣順與氣血通暢。也就是說，無論中西方醫學，呼吸法一直是實踐健康的方法之一。運動時，「配合呼吸」是學習運動動作運行的基本，有意識的呼吸方式會對身心產生很大的影響，一般可作為壓力族舒壓的方

法之一。各式運動強調的呼吸方法，大致以口或鼻吸吐氣及強調腹式或胸式呼吸分類，「鼻子吸氣，鼻子吐氣」或「鼻子吸氣，口吐氣」，例如靜坐或打禪等靜態活動；「腹式呼吸」與「胸式呼吸」指呼吸時吸氣「深度較深」，強調吸氣時將氣吸至腹部讓腹部突出；胸式呼吸時可將手置於胸廓下緣感受胸部的起伏，呼吸時避免腹部突起。配合身體律動，一般說來身體動作往上時則吸氣，往下時則吐氣，做動作會感覺比較協調，例如：舉手則吸氣，手放下則吐氣；身體挺直則吸氣，身體放鬆則吐氣。

四、體能

舞蹈是一種運動，身體要承受體力上的負荷，完成美麗而流暢的動作，身體體力上的條件是不可欠缺的。

協調性對運動來說是非常重要的，由身體的兩個以上部位配合運作也能讓動作看來順暢且有效率，是一種整合能力。協調是人體運動時的時間、韻律和順序三方面調和在一起。

平衡感（balance）與協調性（coordination）可以說是完成「漂亮」動作的基本要求。特別是平衡感是完成所有動作非常重要的要素，一位體操選手完成一個動作後卻不能保持平衡，就會是表現上重大的失誤，也不可能拿高分。靜態平衡（static balance）是人體在固定位置上保持均勢的能力；動態平衡（dynamic balance）為人體在運動中保持均勢的能力，為求不同情境能快速變換身體姿勢，當看到一位舞者所跳出的每一個舞步與動作都不能保持穩定感，身體搖搖擺擺，就可以知道這位舞者的程度不夠。

速度與敏捷兩者都有要快的意味。速度（speed）是指從A點到B點可能是直線或弧線的情況，讓身體盡可能在最短時間內由A點移至B點，即由一處移動到另一處的能力；敏捷性（agility）是指當

身體從某處移至另一處時，能快速地改變整個身體方向的能力。在表現上閃躲、快跑、轉身顯現舞者的身體肌力與速度敏捷的能力。此外，大跳動作需要展現身體力量與速率結合的瞬發力；「瞬」即「瞬間」之意，因此瞬發力（power）是指在最短時間內完成動作所需最大力量的能力。有些教師會說成「爆發力」（explosive strength），主要是想說明瞬發力代表力量與速率的結果。

　　無論平衡、速度與敏捷，肌肉的力量是重要的影響因子，運動出力靠著肌肉力量，肌肉能產生力量是因為肌肉纖維收縮。肌力（muscle strength）是身體對外在個體所發揮最大力量的一種身體能力，但如果強調的是「反覆」與「持續」，需要用的肌肉力量就要保有肌耐力（muscular endurance）。肌肉靠肌肉收縮產生力量，肌肉收縮（muscle contraction）的種類可以分為靜性收縮（static contraction）和動性收縮（dynamic contraction）。靜性收縮又稱為等長收縮（isometric contraction）；例如手推牆壁出力。換言之，等長訓練並不需特殊器材，拉重物、推牆壁等靜性的等長動作也可以訓練肌力；而動性的收縮則指短縮性收縮、伸長性收縮組合起來的等張收縮（isotonic contraction）。很多肌力的訓練都會反覆操作，讓肌肉伸長與短縮。動性收縮還有等速收縮（isokinetic contraction），即維持一樣的速度，很多的健身器材可以設定固定速度，讓鍛鍊者維持固定的速度鍛鍊肌力與肌耐力。

　　舞蹈、體操等運動對身體柔軟度有很大的要求，柔軟度（joint flexibility）為身體和各關節最大活動範圍的能力，當然所謂柔軟並不是骨骼關節結構的問題，也包含肌肉的伸展情況。因此從小學習、持之以恆，保持身體柔軟度是舞者基本的條件。有很多的舞蹈演出與表演，都需要持續一段很長的時間，心肺耐力（cardiorespiratory endurance）是指一種使用循環和呼吸系統的運動能反覆的次數。舞蹈是全身而持續的運動，發展心肺耐力考量運

動頻率、時間和強度。最大攝氧量為評價有氧作業能量心肺耐力或心肺功能的最佳指標，是指一分鐘內能攝取氧的最大值，但包括性別、年齡、身體大小、遺傳因子，以及海拔高度等地理環境等都會影響人的最大攝氧量，由於難以運用簡便的科學儀器測量有氧運動的耗氧量，故以全身參與、強調持續時間、不強調衝刺比快的有氧運動（aerobic exercise）可以作為訓練方式。

綜觀上述，舞蹈確實是一種運動，可以作為體育課程的教學內容，運動科學中的許多知識與常識，對於舞蹈的訓練與表現能產生很大的助力；身體要能具備表達能力，讓動作做出來的樣貌能流暢身體的能力不可欠缺，順暢地配合呼吸展現氣韻，足夠的肌力表現出力道，肌力、肌耐力能讓身體平衡感控制得宜，動作能協調才能完美呈現舞蹈。

Chapter 3

總合藝術

- 舞蹈與音樂
- 舞蹈與美術
- 舞蹈與戲劇

　　舞蹈是綜合藝術，和其他藝術有很密切的關係。本章選取與舞蹈有密切關係的其他表演藝術，音樂、美術與戲劇加以說明，對舞蹈欣賞與編排跳舞可以說是通識的知識。

一、舞蹈與音樂

(一)伴奏

　　舞蹈與音樂有著密不可分的關係，多數人跳舞會以音樂作為配樂，音樂成為伴奏，意即音樂的角色是配角，先排練好舞蹈再配音樂。舞蹈動作練習的課程，課堂聘請伴奏者，指導者便能依照安排好的課程內容，以動作和舞蹈練習為主，由伴奏者配樂，指導者能省去時間「找」適當音樂的時間，專注在課程的指導上。當然，沒有聲樂或樂器伴奏舞蹈也可以單獨地存在，編舞家也有創造出沒有音樂伴奏的舞蹈，舞者以舞步速度就能掌握作品的節奏。從編舞的角度來說，編舞者或舞者在排練和做動作的同時，心中會有動作本身的時間性，即伴奏音樂的節奏，動作力道的表現即伴奏音樂的強弱，欲表達的內容、情感與音樂的旋律樂曲有關，舞蹈的故事性與鋪陳則與樂曲的結構有關。

　　作曲者透過與編舞者的討論，對動作的觀察，創造出符合該舞作，讓演出更生動的聲響樂音或旋律。音樂教育家達克羅茲[1]站在音樂教育啟發的角度上，強調人是最原始的樂器，從身體律動訓練學生對音樂節奏旋律表現的敏感度，以即興的唱哼旋律，從動作中找到素材編創出簡單的音樂形式；用腳打拍子練習聽力，音樂的節

---

[1]達克羅茲（Émile Jaques-Dalcroze, 1865-1950），瑞士作曲家，開發革命性與影響性的音樂教學觀念。

奏、律動等基本元素，仰仗動作將聽覺與身體的反應相結合。也就是說，人們「律動」就是隨著節拍旋律動作，這是對音樂的節奏和旋律產生敏感而動了起來。事實上，學舞者或編創舞蹈者即便是未受過正式的音樂訓練，或看不懂五線譜，透過舞蹈的練習中音樂的伴奏，聽過的樂曲亦必定不少，對音樂必定要有一定程度的敏感度和想像力。

節奏是以拍子（beat）作為音樂時間的單位，拍子越快音樂**速度**（tempo）越快，拍子越慢速度越慢，速度是時間長短延續、音的長短時間性質強弱。音樂術語將音樂快慢指示名稱，例如快板Allegro，芭蕾的快舞與音樂術語中亦稱Allegro，指速度快與情調的活潑，舞蹈輕快敏速明快與活潑的舞步，男舞者大跳躍；至於音樂術語慢板Adagio（義大利語）則指慢舞Adage（法語），女舞者緩慢單腳平衡，優雅的曲線。音樂的旋律與節奏要素間的特殊連結，賦予韻律特性；此外，不同物體、樂器所發出的音色不同會產生對音高和旋律的知覺。**和聲（harmony）**是兩個或數個音不同的組合，然後同時發出聲音，意味著重疊，類似色彩學上彩度的濃淡淺。音的組合會出現和諧與不和諧、協調與不協調的感覺。音樂具備以音色、聲響、旋律去表達情感與賦予變化的功能。

人們對已經被創作出來好聽的樂曲音樂會特別有感受性，從音樂獲得靈感或感受因而創作舞蹈。現代舞蹈先驅鄧肯[2]選擇巴哈[3]、蕭邦[4]等古典大師的音樂作品來搭配她所謂唾棄芭蕾那種動作，讓

---

[2]伊莎朵拉・鄧肯（Angela Isadora Duncan, 1877-1927），二十世紀聞名美歐的美國舞蹈家，為現代舞蹈之祖。

[3]約翰・賽巴斯蒂安・巴哈（Johann Sebastian Bach, 1685-1750），亦翻譯為巴赫。是巴洛克時期作曲家、演奏音樂家。

[4]弗雷德里克・弗朗索瓦・蕭邦（Frédéric François Chopin, 1810-1849），波蘭、法國知名的鋼琴作曲家、演奏家，歐洲十九世紀浪漫主義音樂代表人物。

身體與心靈分離從心靈出發的舞蹈。孟德爾頌看了莎士比亞作品創作出《仲夏夜之夢》樂曲。藉由聆聽讓音樂成為一種刺激，產生反應生成創作動機。

(二)音樂風格與特性

許多人都聽過著名的帕海貝爾的《卡農》，是音樂史上稱為**巴洛克（Baroque）**時期的音樂，韓德爾、巴哈等作曲家都是巴洛克時期的音樂家。巴洛克時期的音樂樂曲受到文藝復興的影響，或說若已經知道古典時期風格的音樂，就會發現十七世紀巴洛克時期的音樂龐大且過度細緻的風格，互相模仿的聲部在不同音高不同時間相互出現，特別是鍵盤樂是以與現在鋼琴音色不同的大鍵琴，學習過鋼琴彈奏者就知道在彈奏巴哈的樂曲時觸鍵方式與技巧為了要仿效其音色便不相同。巴洛克時期**歌劇**誕生，音樂、詩歌、布景、服裝形成的藝術，舞蹈也是其中的要素。

雖然學習過樂器演奏者可能也體會初學者對巴哈的曲子都不容易喜歡，但若能仔細聆聽，便能領略個中美妙；而學過鋼琴者在初學階段就會開始彈奏小奏鳴曲，課本中的**海頓**[5]、**莫札特**之**古典（classic）**樂派的曲子，風格清晰、井然有序，有著形式美的美感。**奏鳴曲（sonata）**第一樂章快板、第二樂章慢板、第三樂章中庸快板，如果有第四樂章則為快板或急版、輪旋曲式；奏鳴曲第一樂章結構上分為呈示部、發展部、再現部，呈示部會有主題，再現部主題會再出現。**協奏曲**以獨奏協奏曲為主，三個樂章的樂曲為主流，會有一段展現演奏家才華的裝飾樂段。室內樂最佳典範**弦樂四重奏**，這些音樂的曲式與結構，其實對編舞和理解舞蹈的音樂有很大的幫助。

---

[5]海頓被稱為「弦樂四重奏之父」，是開拓發展者。

管弦樂（orchestra）是綜合型的器樂合奏，管弦樂團包括弦樂、管樂、打擊樂，可加入豎琴、鋼琴演奏各式樂曲，演奏歌劇、芭蕾舞劇音樂，進行同場的配合演出。管弦樂組織規模若形式縮小則為**室內樂團**（chamber orchestra），而大型管弦樂團則為**交響樂團**（symphony orchestra）。管弦樂團通常由一名指揮帶領，弦樂中小提琴中的第一小提琴領導者，則為首席，在領導音樂家發揮著重要作用。當舞者在舞台上演出時，樂團在樂池中演奏。

　　舒伯特、**李斯特**等音樂家樂曲則進入了**浪漫主義**。浪漫派音樂指1820年到1900年間創作的音樂，古典時期後期和浪漫派前期界線並不明顯，浪漫派也被分為早期、前期、中期、後期，故像是貝多芬、舒伯特等音樂家便無法說他是古典時期的音樂家還是浪漫派時期的音樂家。但特別是光聽到浪漫二字就知道其特徵是個人主義，重視情感、自由奔放形式無拘束。這時期的作曲家接受詩、文學和其他藝術，使其作品趨向標題性，稱為**標題音樂**。標題音樂指的是在音樂上試圖呈現額外的音樂敘事，主題可以來自詩歌、繪畫、大自然等，貝多芬的《田園交響曲》以及著名的《展覽會之畫》都是重要的標題音樂之一。浪漫時期音樂為了情感表現以力度強弱對比呈現，特別是民族主義和異國主義興起讓浪漫時期的音樂題材與內容多樣。十八世紀末德澳地區盛行**藝術歌曲**（art song）人聲與鋼琴。浪漫派鍵盤音樂的幻想曲、夜曲、狂想曲、詼諧曲等這些名詞，甚至經常成為舞蹈作品的名稱。非常好聽著名的蕭邦《幻想即興曲》、《敘事曲》，或者**約翰・史特勞斯二世**的《藍色多瑙河》、《皇帝圓舞曲》；**聖桑**《動物狂歡節》；**柴可夫斯基**《D大調小提琴協奏曲》等也是習舞者熟悉的音樂。像是聖桑《動物狂歡

節》之「天鵝」由大提琴主奏，是芭蕾獨舞《垂死天鵝》音樂，**約翰·史特勞斯**是圓舞曲代名詞，想像華爾滋在音樂之都維也納起舞的模樣，令人不由得會神遊於想像中而翩翩起舞，約翰·史特勞斯二世的父親約翰·史特勞斯被稱為「圓舞曲之父」。

十九世紀民族性反映在音樂上，俄羅斯、波蘭、匈牙利、波西米亞、西班牙，獨特風格展現了作曲者對傳統的自信與驕傲，有意識地擷取曲民謠風、富含強烈的民族色彩，在音樂上稱為**國民樂派**（Nationalism），即採用民謠曲調，本國舞蹈鄉土傳說民族英雄故事作為題材，例如**德弗乍克**[6]《念故鄉》、**葛利格**戲劇音樂《皮爾金》，後被改編為《皮爾金組曲》第一號皮爾金組曲作品編號四十六晨歌、清晨都是旋律熟悉的音樂，甚至也可以作為配舞的音樂。

繪畫出現了印象主義，音樂也在二十世紀由**德布西**[7]開啓了**印象樂派**（Impressionism）大門，德布西、拉威爾是此時期最知名的作曲家，印象派音樂重視意境展現一種氣氛與層次感，德布西在《牧神的午後》前奏曲展現印象樂派管弦樂的特徵。

學習音樂演奏者常有所謂「怎麼把巴哈的樂曲彈成蕭邦」，這表示學習音樂者必須瞭解曲風演奏出正確的風格。所幸舞蹈似乎沒有這麼多的限制，編舞者對音樂有所感，像不像巴哈還是像不像蕭邦不是重點，只要可以編出呈現自己所感的舞即可。有些編舞者會將舞蹈表演數段音樂接續，以剪接將幾首不同的曲子接續結合在一起，只是此時仍需考慮音色、節奏、風格等，若接續不當就會產生很突兀的感覺，當然有時突兀是一種效果，動作與音樂性能夠契合，網路訊息發達，提到的音樂可隨時搜尋聆聽，自我體會。

---

[6]安東寧·利奧波德·德弗札克（Antonín Leopold Dvo ák, 1841-1904），捷克作曲家。

[7]阿希爾—克洛德·德布西（Achille-Claude Debussy, 1862-1918），法國作曲家，被視為第一位印象派作曲家，是十九世紀末二十世紀初重要的音樂家。

欣 賞

《西班牙交響曲》為浪漫主義音樂家愛德華·拉羅（1823-1892）所作，拉羅為法國人，雖然名為交響曲但並未具備交響曲形式，是為小提琴與樂隊而作的協奏曲，1874年為了一名小提琴家而寫，西班牙式的主題，剛好發表於西班牙風格流行之時。

　　1920年重回浪漫派，音樂內容清晰，簡化樂曲素材、形式和使用樂器，形式上完整可以是無調性，可以運用傳統和弦或不諧和和弦。史特拉汶斯基[8]作品樣貌多變，被譽為是「音樂界中的畢卡索」，是**前衛派**（avant-garde）現代主義代表，他作有《火鳥》、《春之祭》等芭蕾舞劇音樂。此外，二十世紀之後音樂家電影配樂**普羅柯菲夫**[9]新古典主義《彼得與狼》迪士尼卡通、1945年後被稱為保守派作曲家**蕭士塔科維奇**[10]、《西城故事》伯恩斯坦，還有**馬勒**的音樂。二十世紀著名的作曲家**蓋西文**是將爵士樂帶入音樂廳的作曲家。1945年後，不經過事先設計的音樂形式演出的**隨機音樂**（aleatory music, chance music），著名的**凱基**（John Cage）[11]即放棄形式結構的音樂，可使用任何環境下的聲音，甚至包括雜音，

---

[8] 伊戈爾·費奧多羅維奇·史特拉汶斯基（Igor Fyodorovich Stravinsky, 1882-1971），出生於俄國的作曲家、鋼琴家、指揮，被廣泛認為是二十世紀最重要和最有影響力的作曲家之一。

[9] 謝爾蓋·謝爾蓋耶維奇·普羅柯菲夫（Sergei Sergeyevich Prokofiev, 1891-1953），俄羅斯蘇維埃作曲家、鋼琴家和指揮。

[10] 德米特里·德米特里耶維奇·蕭士塔科維奇（Dmitri Dmitriyevich Shostakovich, 1906-1975），俄羅斯作曲家、鋼琴家。

[11] 約翰·米爾頓·凱基（John Milton Cage Jr., 1912-1992），是電子音樂先驅，發明推廣實驗性質的音樂。

或例如他在鋼琴弦裡上放入各式物品讓鋼琴的發出特殊效果的音色。

二十一世紀應該說是**電子音樂**（electronic music）盛行的年代，因為錄音和電子電腦工程的進步，音樂藉由電子技術創作，甚至表演還出現了極簡主義（minimalism），即以簡約的風格呈現，像是美國流行的創作風潮，讓音樂重頭到尾不斷重複，在重複中旋律與節奏上作細部的變化。音樂製作因電腦而簡便，讓有些編創舞蹈者更容易剪輯重製，音效處理，甚至加入重疊音色，用自己製作的音樂來跳舞。

例如2019年3月2日至3日於高雄衛武營，德國萊茵芭蕾舞團上演《馬勒第七號》，音樂由台北市立交響樂團，簡文彬指揮。奧地利作曲家、指揮家**古斯塔夫・馬勒**（1860-1911）於1904-1906年間創作第七號交響曲，有五個樂章。德國萊茵蕾舞團《馬勒第七號》編舞家馬汀・薛雷夫表示，「當你以編舞家身分研究音樂作品時，這便是個深度琢磨樂曲內容的好機會，你最終可以真正體會到，那位作曲家是怎麼樣的藝術家、他是如何獨立工作的，以及他有多獨特。我聽七號交響曲的次數越多，音樂所帶來的就越發超出想像。在我的編舞中，馬勒的音樂釋放了以往我不相信自己內在所擁有的。」[12]

(三)舞曲

舞曲顧名思義就是拿來跳舞的曲子。例如學過古典樂器彈奏者應該聽過吉格舞曲（Giga）、布雷舞曲（Borea）、西西里舞曲（Siciliana）、夏康舞曲（Ciaccona）、庫朗舞曲（Corrente）等舞曲名稱，古代宮廷音樂為貴族生活的一部分，在宮廷社交場合邊有

---

[12]摘自2019.3.2-3高雄衛武營上演德國萊茵芭蕾舞團《馬勒第七號》節目簡介。

樂團演奏音樂也可能跳起舞蹈，但當音樂獨立成為音樂，雖然命名舞曲但已不再為貴族配舞而創作，舞曲為了欣賞而創作而非為了舞蹈的功能而創作。

　　將舞曲有系統的組合起來可以成為組曲，這些舞曲都有既定的特性，巴洛克時期組曲的舞曲像是**基格舞曲**（Gigue），又譯成**吉格舞曲**（Giga），源起英國以八分音符為一拍每小節六拍為主的快速度樂曲；巴洛克樂曲中經常於開始加入前奏曲，**薩拉邦德**與吉格間加入的舞曲，像是**嘉禾舞曲**（Gavotte）是源起法國民間舞的中速舞蹈，弱起拍，四拍子；另外**小步舞曲**亦源起法國三拍子中庸速度風格優雅，嘉禾舞曲和小布舞曲現在也常被使用於作為芭蕾基本課練習或小品表演的曲子，如果欲以現有舞曲創作，試聽之後也可能會有所領略。

　　圓舞曲（Walzer）誕生於十九世紀的維也納，像是現在人所說的「輕音樂」，是為適應一般群眾而產稱較通俗的音樂。**波卡舞曲**（Polka）源於十九世紀中期波西米亞，是現在捷克的民間舞蹈音樂，二拍子，第二拍的後半常頓挫，音樂節奏快速、活潑。

　　現在，熱舞舞曲都使用**電子音樂**（electrophonic music），特別是加強低音音頻，稱為**重低音**（TruBass）舞曲震撼效果。

　　例如2019年6月21日至22日，荷蘭舞蹈劇場（Nederlands Dans Theater）在衛武營演出之作品《穩若泰山》（*Safe as Houses*），作品「發想自中國變易之書《易經》、編配於巴哈的樂曲。作品反映了對物質環境依賴，以及探究著靈魂的生存能力。」[13]其音樂探以巴哈c小調無伴奏組曲，薩拉邦德舞曲作品977；a小調四部大鍵琴協奏曲第二樂章；G大調第三號布蘭登堡協奏曲第三樂章等樂曲。

---

[13]摘自節目單。

二、舞蹈與美術

(一)畫面

　　美術（fine art）是源於日本的翻譯詞，其實原意雖指藝術，不過在內涵上偏重視覺藝術，是透過視覺捕捉而表達的形象藝術，像是繪畫、雕刻，亦可廣泛到工藝美術、建築、攝影、印刷品、陶器、紡織品等。也就是說，直接在視覺上可以獲得美感的藝術，過往通常指繪畫與雕刻，但如今是視覺藝術的總稱。**視覺藝術**（visual arts）是以視覺可以認識辨識而創作的作品，強調視覺，而視覺是一種感覺，有別於觸覺、味覺，它不需要直接接觸物體即可感知，視覺藝術比較常界定於美術繪畫、圖片、雕塑、照片，但也包括了應用藝術用於工業設計、平面設計、時尚設計。雖然視覺藝術定義並不嚴謹，許多其他藝術都與視覺有關。

　　舞蹈作品常見於人類最早期的繪畫或雕刻中，埃及壁畫、敦煌壁畫雖然只能看到靜止的姿態樣貌，但栩栩如生充滿想像；印象派畫家竇加[14]的畫《芭蕾舞星》、《芭蕾舞課》舞者雖不是重點，但暗示著空間裡的動作，繪畫中獨特的場景布局顯示美術繪畫可以創造大型場景的能力。

　　線條（line）由點所構成，兩點之間連成一線，我們說某某人是「粗線條」指不拘小節，線的粗與細展現了不同的質感，舞蹈運用身體本身，身體運動的軌跡就是線條的延伸。身體的路徑軌跡，猶如在畫布上畫上線條，曲線與直線呈現不同的質感特性，讓直接

---

[14] 艾德加・竇加（Edgar Hilaire Germain de Gas, 1834-1917），法國印象派畫家，最著名的繪畫題材是芭蕾舞演員。

的、間接的也意味著所使用的力道並不相同，不同的力量。

　　視覺藝術的**平面設計**（graphic design）是強調視覺溝通以透過排版，將文字、插圖、照片、圖案等資料運用編排，在非立體的平面上進行編製的設計形式。音樂樂譜記譜法是一個非常有意思的結構圖，用線作為架構，音樂的音高決定位置，高音畫上處，低音畫低處，一連串的音的高低、長短的記憶形成旋律的變化，這樣的變化容易理解也容易配合操作彈奏。加上文字記號和術語註解可以更清楚知道表情。音樂樂譜也成為很棒的設計圖，有了樂譜音樂可以不斷再現，至於舞蹈該如何記述，沒有錄影設備的時代舞蹈靠畫下來呈現，但是要畫下舞蹈可不容易，因此一樣發展出記述的方法，舞蹈也用運用符號和圖形、路徑、數字記述舞蹈，稱為**舞譜**。**魯道夫‧拉邦**[15]到巴黎學美術時迷上了舞蹈，1910年在瑞士教舞，由於曾親自受教於達克羅茲，所以也發展出群體動作合唱，類似達克羅茲的音樂視覺化觀念，他發展出一套觀察動作質感的方法，其最著名的研究就是舞譜及動作分析，記述人類運動的方法，讓動作可以視覺化解釋的語言，記述的畫面像是數學圖形，也像是美術平面設計。現在大家運用拍照或攝影，或者是用文字描述，將舞蹈動作與畫面捕捉下來，欣賞屬於舞蹈的美。總之，舞台的呈現是一種畫面的呈現，舞台雖為立體，但對線條構造與色彩布局對於畫面的呈現有著很大的影響，經常去欣賞表演者應該能有所領略。

　　舞台妝技術性強，需要掌握一定科學與技術面的知識，色調掌握，配色能力，化妝要控制呈現出來的淡、淺、明亮、鮮豔、暗、濁，能不能畫得到位是一種技能，將臉部化妝擴及全身，或擴及到與時空需求做整密的結合就是造型。中國京劇、崑劇等特別的臉

---

[15]魯道夫‧拉邦（Rudolf Laban, 1879-1958），發明舞蹈記譜法和力道圖表，科學性分析身體表現的天才人物。

譜妝法，日本歌舞伎舞蹈的妝與色彩，以及能劇舞蹈帶著假面不需演者作臉部表情，樸質展現藝術之美。但舞台爲了讓表演者輪廓更深刻，或在燈光照射下必須考慮色變，或者要刻畫呈現某意象角色造型則往往更需要化妝。在服裝未覆蓋的皮膚上化妝，等於是在人體上繪畫，尤以臉部是重點，畫得像（具象）或畫得抽象，和美術的功力不無關係，色彩的搭配、化妝材料的運用，主題、角色、場合、時間等因素都需要考量。舞蹈素材的運用，版型，平面到立體的想像與實作，服裝道具爲了舞台誇張效果需要「大手筆」（指鼓足勇氣勇敢地畫下去）的繪圖都是美勞美術的眞底子。

「舞蹈與繪畫同樣必須依據自然的法則來構想。編舞家相當於畫家，他必須遵從同樣的構成法則，如果舞劇有衰敗的現象，必然因其僅止於滿足視覺罷了！動作自然會因之而變爲缺乏意義的形式化，不過這決不可歸咎於舞蹈藝術。卓越的舞劇必須逕眼睛把它傳達到心靈爲原則……。」（諾維爾，1760）[16]

(二)裝置

裝置藝術（installation art）是使用現成物件而非傳統上要求手工技巧雕塑而構成的藝術品，與空間的關係，不在作品之外欣賞，日常生活中與工作中以功能爲邏輯安置在空間中，透過重新組合關係而產生本身功能以外的作品。裝置藝術有如舞台的道具和「裝置」一樣。**道具**（prop）是表演者使用的東西，舞台和場景上可以移動和方便攜用的物品。很多道具是日常生活普通的物品，意味著

---

[16]摘自蘆原英了著、李哲洋譯《舞劇與古典舞蹈》第六版（1986），頁17-18，台北：全音樂譜出版社。

表現的眞實性。舞台大型道具猶如舞台上的裝置藝術，刻劃展現出不同的空間，或者以裝置非眞實的抽象表現。

　　抽象化（abstraction）是哲學用語，思維方式或形式術語，在藝術中不關心來自清晰可見的事物或字面上描述的藝術，不受客觀背景影響形式可簡化而設計；與其相對的是具象化、實體化。舞台的裝置不一定要眞實具體，一個線條、一塊板子可能代表其意義。

　　身體藝術（body art）指視覺藝術前衛派或觀念藝術。由於人體本身就是一個立體物，因此在人身上造型或化妝裝飾都是立體的設計。人們在日常就會裝扮自己，爲自己上妝並作造型設計，舞台**造型藝術**（plastic arts）讓藝術家透過各種介質素材模擬，進行物理性操控再現客觀具體形象的藝術形式。

　　道具幕是舞台的大型道具用語，由於人類具有「看」得到色彩的視覺機能，布幕的色彩影響整個表演藝術作品畫面呈現氛圍營造。色彩知覺是人類共通的，不同的色彩會引起不同的心理反應，這些色彩的心理所引起的情感或嗜好，受到年齡、性別、個性、社會環境、文化習俗的不同而有所差異。

　　色彩的運用在舞台上，無論化妝、造型或設計都很需要。「色彩三要素」，亦稱「色彩三屬性」，是區分和識別色彩的主要依據。**色相**（hue）是依光線不同的波長而呈現不同相貌所稱呼的「名字」，例如紅、黃、藍等，可以用來區別不同的色彩，當我們在和別人溝通色彩時，最常以色相來區辨。色相種類眾多，因此必須爲色命名，我們才能有效的認識並傳達色彩。**明度**（value）是指色彩的明暗程度。以物理學的角度而言，物體表面的光線反射率愈高，物體色彩就愈明亮，而明度也較高；若物體表面的光線反射率愈低，則物體色彩愈深暗，明度相對較低。**彩度**（chroma）是指色彩的飽和度（saturation），用易於理解的文字來解釋，就是鮮濁的程度或者純粹的程度。其彩度的高低是以色彩中某色的比例或

純度來判斷。所以無彩色中的黑、灰、白色就只有明度，而沒有彩度。色彩對人們所產生具象或抽象的感覺稱為色彩意象（color in image），色彩的溫度感來自於人們的生活經驗和心理意象，至於影響色彩的溫度感與情緒感是以「色相」差異為主，因此有所謂冷色系、暖色系。在今日設計及色彩數位化的時代，許多電腦繪圖進步，可以在電腦螢幕中先試看舞台的設計；列印技術的進步，顏色亦能調整符合期望的色彩，減少色差。

三、舞蹈與戲劇

(一)敘事

　　表演藝術（performing arts）主要以表演者呈現藝術，在舞台或某空間進行有觀眾的藝術表演，像是舞蹈、音樂、戲劇等表演，目的在於編者與表演者的表達情感和感受。舞蹈源於戲劇表演的一部分而漸漸獨立出來，另外，無論戲劇或舞蹈對於表演者的訓練都包含了運用肢體的表達方式。

　　戲劇涵義模糊，是眾多娛樂活動都可包含歌舞劇、芭蕾舞劇、音樂劇、兒童劇、魁儡戲、偶劇。戲劇演出的地方就是舞台，若包含觀眾觀賞的空間與設施則稱為**劇場**（theater），舞蹈表演的地方也稱為**戲劇院**，也就是說，劇場、劇院、戲劇院就是播放或演出戲劇、舞蹈等讓觀眾觀賞戲劇舞蹈的整體設施。

　　戲曲是「劇文學」，寫戲曲者被稱為劇作家，為了演劇上演而執筆的文學作品。東方國家戲劇和舞蹈也密不可分，現在中國舞蹈基本動作，源自於戲劇身段和武功。日本舞蹈與日本歌舞伎傳統戲劇有很大的關聯。戲服、臉部化妝、演員的特技表演，演員從小

接受訓練，過著團體生活，劇情內容主題有歷史、有通俗虛構的故事，配合音樂、舞蹈、打鬥和丑戲的演出。

　　口述的敘事是分享敘事最早的方法，但舞蹈是藉由**非語言的溝通**（nonverbal communication）呈現所要表達的內容。二十世紀五、六〇年代興起於歐洲的行為**藝術**（performance art）在特定時間地點由人、個人或群體行為構成藝術，一開始以身體作為媒介，藝術者行為作為藝術的表達方式，不受時間、地點、觀眾交流的限制，讓正在發生（happening）的行動藝術（action art）於現場藝術（live art）來描述。也就是說，在現場讓行為正在發生，舞蹈是一種表演藝術，在行為藝術的範疇上它可以是一種行為藝術。

　　在戲劇中，**敘事**（narrative）與**故事**（story）扮演了重要的主幹角色，因為戲劇的呈現通常包含一段相關事件、經歷等描述，如何鋪陳講故事，如何設定高潮衝突結局。如同作文寫作所謂記敘文、抒情文、論說文等文體，作文敘事的結構起、承、轉、合，構成文章的整個架構。

　　敘事結構（narrative structure）文學的元素構成了敘述被呈現給讀者／觀眾／聽眾的順序方式基礎。敘事結構包括故事內容和用以講述故事的形式，故事是戲劇性的動作，按時間序描述，情節指如何講述故事，故事設定關鍵衝突、角色、設置和事件。**情節**是關於如何以及在何種階段建立和解決關鍵衝突。敘事形式線性敘事依照時間點按發生順序；非線性的敘事則可利用中斷的技巧，以交互敘述的方式進行。

　　戲劇結構（dramatic structure）包含戲劇或電影作品的結構，西方戲劇以幕（Act）作為大單位，再區分成許多景（scene）。根據佛賴塔格說法，戲劇分為五個部分（五幕劇），第一個部分是戲劇性的**解釋訴說**（exposition），向觀眾介紹主要情節之前發生的事件、角色背景故事；第二個部分是**上升行動**（rising action），意即

一系列事件；事件是故事中最重要的部分，闡述故事整個情節，以一個個事件的接連發生、衝突與解除，再闡述另一個事件的發生，透過事件的堆疊發生而產生的情節準備將故事推向其高潮點；第三個部分就是**高潮**（climax）轉折點，相反事態的發生；第四個部分是**下降行動**（falling action），衝突解決卻存有疑問；第五個部分是**結語**，衝突得到解決，讓觀眾釋放緊張和焦慮，複雜情結解開。簡化成三幕劇則設置，第一幕基本情境，引入角色、角色的背景與個性，問題推動故事發展的動力；第二幕衝突；第三幕故事問題沸騰迫使角色面對它，不可避免的導致結局。戲劇大師**莎士比亞**[17]編寫出了《仲夏夜之夢》、《羅密歐與茱麗葉》等知名劇作上，不但在戲劇上，也成為舞劇或舞蹈的重要題材。

(二)表達

劇本、腳本由劇作家創作，由人物間的對話或歌唱而組成原則上為搬上舞台表演而非為了閱讀而完成文學形式，可以在舞台上演出的劇本，還是需要在每次不同舞台、不同表演者的需求下作適當的修正調整。**台本**（promptbook）註記著每個段落的舞台應該注意或準備的事項，讓台上與幕後的工作者都知道如何在相同的時間點上要做些什麼事。

要如何將戲劇依照劇本演出，演員的演技非常的重要。這好比舞蹈作品舞者的表現能力非常重要。十九世紀後對體育運動文化有著很大影響的**德沙特**（Delsarte）[18]身體表達的體系，是德沙特為了教學，透過觀察現實生活人們表達方式，聲音、呼吸、運動動力學

---

[17]威廉‧莎士比亞（William Shakespeare, 1564-1616），英國詩人劇作家演員。
[18]弗朗索瓦‧德沙特（Francois Delsarte, 1811-1871），法國歌手、演說家、教練。
其將與身體表達情緒如何表達的想法分類為各種原則；德沙特本身並未留下出版物，而是其學生的學生在1885年出版名為《德沙特表達系統》的書。

的檢視，發展了一套融合原以訓練演員、歌手的情緒表達的科學。十九世紀九〇年代其思想對德國現代舞發展起了很大的作用。

　　戲劇可以仰賴人的語言和語調加乘演員的表達方式。他們也運用**非語言溝通**（nonverbal communication），即運用語言文字以外的媒介，視覺、觸覺、動覺進行非語言的溝通，傳遞表達想法與感受。不透過語言則靠著表情、手勢、姿勢、語調、肢體動作。舞蹈就是非語言的溝通方式，也是非語言呈現情緒的方式，以**肢體／身體語言**（body languages）的非語言的交流傳達訊息，舞者靠著手姿、手部位置、上肢動作、下肢動作、姿勢、身體流動，也會以面部表情、眼神表現。

舞蹈欣賞篇

「鑑賞」意涵評價之意，透過知識與情感的協調，對藝術品做出適當的判斷。舞蹈的欣賞可以是個人喜好、對美醜觀感的表述；而舞蹈鑑賞則應具有知識、經驗和評價的層次，在觀賞舞蹈之後能心悅感動，又或許是透過認知理解才具備適當的品味。本章由哲學的美學開始談起，再介紹美的心理，是心理學的基礎概念，藉由本章的介紹或許就可以理解到為什麼你看到的和我看到的有所不同。

舞蹈鑑賞

- 美學概念
- 美的心理
- 舞蹈意象

一、美學概念

美學（aesthetica）此字源於希臘字aisthanomai（感受，英文aesthesia），指的是知覺之意。有關美學的濫觴，**包姆嘉登**[1]被譽爲「美學之父」，是德國的哲學家，主張將美學變成獨立學科，並將它命名爲「aesthetica」（英文則作aesthetics）。

人的認識能力指的是人類獲得知識的能力。在傳統的區分上，人的認識能力有兩種，一種是感官經驗，一種是理性活動。理性活動指的是思維活動，而思維活動又分爲兩種，包括了邏輯思維，另外還有與直覺、想像等有關的感性思維。在包姆嘉登的時代由於理性主義哲學盛行，社會獨尊清晰的理性重視邏輯而較欠缺對感性的研究，因此，在當時的哲學系統中，研究「知」之認識的有「邏輯學」，研究意志的有「倫理學」，研究情感的「感性認識」尚欠缺一門相應的學門，所以建立了美學。

邏輯學（logic）是研究論證的構成與其體系的學問；**倫理學**（ethics）則研究捍衛正確與錯誤行爲的價值概念；感性的認識是指非邏輯概念的，感官所感覺、知覺經驗的認識，雖然我們常說「這個人很感性」指的是某人似乎情感豐富，與帶有情緒化的感覺不同，但在美學的感性則意思不同。在此可知美學爲哲學的分支，哲學上美的分類有兩種之說，一種稱之爲**壯美**（sublime），又稱爲崇高美，一種爲**優美**（grace），又稱秀美。「壯美」的特性是無限大的，其表現表徵可讓人召喚出無限地想像，或者會有生命力受到威脅的一種嚴肅心態，像是一望無際遼闊的美感、無窮無盡深邃的美感、天地之間契合的這種空間大小、時間長短的想像，將崇高

---

[1] 包姆嘉登（Alexander Gottlieb Baumgarten, 1714-1762）。

轉化爲內心的壯美；而「優美」涉及對象的形式，即符合欣賞者理解與想像的形式，可以適合人們想像力與能理解的自由活動或協調合作，像是品質的精緻協調與平衡，一種對對象的吸引力產生的快感、欣賞的愉悅感，有想像力遊戲的心態。

在哲學上對於知識認識的辯解有所謂理性主義與經驗主義，哲學家**康德**[2]，乃集理性主義與經驗主義之美學而集大成的理論學者。**理性主義**（Rationalism）是一種方法論或理論，把理性視爲知識的主要來源，理性原理存在於邏輯、數學、倫理等，將美歸於「先天理性」和「自然和諧」，是理性主義的美學的特色。**經驗主義**（Empiricism）觀點是知識主要來自感官體驗，強調在實驗中發現的證據，因此，美學的特色是將美感歸於「後天的快感經驗」，並非僅靠推理直覺或啓示。理性主義與經驗主義曾經處於對立爭論的時期。

(一)美的判斷

美學中，康德論點所討論優美感的性質是從「判斷」和「目的性」（purposiveness）來界定。「判斷」是一種天生的心理機能，有主觀的必然性，這種心理機能對於要認識的對象進行分類、比較，進行思維與決斷，所以美學中有美與醜的判斷。審美判斷力是理性的批判，美感判斷是從具體經驗到抽象概念，即從美感經驗到美的概念，美感的判斷是一種反思的判斷。美感是一種享受，觀察者感官享受大自然的恩賜，在本質上是一種自由的想像，可超越切身利害與對象是否實際無關（disinterested），美感是無概念的；但就分量來說，看的人主觀感覺事物很美，那有相同鑑賞力的人也會

---

[2]伊曼努爾・康德（Immanuel Kant, 1724-1804），德意志哲學家，德國古典哲學創始人，其學說影響近代西方哲學。著有《判斷力批判》。

有應有的判斷，美感帶有量的普遍性，普遍性由概念而表現出來，美感涉及包括快感、理解力和想像力的認識能力。

(二)美的目的

「合目的性」有主觀的合目的性與客觀的合目的性。「主觀的合目的性」是形式的合目的性，美感的原因是主觀的表情，其結果是審美的表象，因此，主觀的合目的性是美感對象的形式恰巧符合我們主體的認識功能而引起想像力與理解力的互相協調與自由活動，使我們直覺其形象便產生精神滿足和愉快。「客觀的合目的性」分爲「實用外在目的」和「內在目的」，實用外在是功能上的對應；內在目的是結構和於概念上該物的本質。當某人被某一首樂曲或某一支舞作所吸引時，鑑賞者愉悅的情感來自於此作品，而非鑑賞者本身，美是一種被看作爲事物的某種性質的快感，是它使我快樂、它是美的，美依賴於情感在此一時刻所達到的客觀程度。經驗論的學者休謨以爲美感即**快感**（pleasure）。就批判論美來說，美感中有快感成分，美是從快感中產生的價值，但此快感較單單令人愉悅的快感要高得多，美感有一種形式上和目的之天生的心理機能依據，而快感卻全然是經驗的無普遍性。康德之所謂自然的合目的性是因爲**預定和諧**（pre-established harmony），沒有目的又何於目的。康德將美分爲**自由美**（free beauty）與**依存美**（dependent beauty）。自由美又稱**純粹美**，像是想像力無目的自由合目的；依存美又稱**附庸美**，是有目的合於目的藝術附庸美，混合了多種因素，例如教堂建築的美。美的理想就美的主體而言是從品味的原型和人的本質中找到美。

德國哲學家**黑格爾**[3]以藝術為中心來探討美學體，將美學轉向「藝術哲學」，觀察者是主體，美學的對象是藝術客體，主體知覺「理性的最高行動是審美行動」，「精神哲學」是一種審美的哲學。**辯證法**（dialectic）為了理解世界、事物的變化及其發展的過程的本質，透過論點想法的陳述，再從矛盾否定對立的想法陳述，以進化的過程理解問題如何解決的方法。黑格爾引入辯證法與歷史主義的思想，不以單純孤立的觀點研究藝術，而是把藝術和其他社會現象看做是人與現實世界的一種關係，充分地肯定藝術有一個形成、變化和發展的歷史，要在歷史和邏輯、實踐和理論中去把握藝術發展的規律。

舞蹈美學（aesthetics of dance）應定義為研究對舞蹈知覺的學科，被稱為是一般美學和舞蹈學中的一個重要的特質，要將其作為一門獨立的學科至今還在初創階段吧。雖然對賞舞的初心者來說，總是會說自己不知如何欣賞舞蹈，但可以試著從欣賞的快感，從舞蹈的歷史與發展，探討其邏輯與形成，主客觀判斷，檢討其目的性，從崇高、優美、自然、附庸、精神、行動各種美的因子去檢視對舞蹈的認識。

二、美的心理

美學是哲學的一個分支，但當心理學漸漸從哲學分離出來成為一門獨立的科學時，人們也試圖運用心理學分析，研究如何創作或欣賞美的心理歷程。

---

[3]格奧爾格·威廉·弗里德里希·黑格爾（G. W. F. Hegel, 1770-1831），德國哲學家，對哲學的貢獻，在於增加了歷史的向度。著有《精神現象學》。

感知（perception），就是知覺，是根據感覺所獲得的資訊，以經驗知識作為判斷組織整合的心理歷程。知覺與感覺（sensory）的差別在於，透過生理的歷程得到的經驗為感覺，透過心理歷程得到的經驗為知覺。感覺是刺激在感官接受器上發生的作用，知覺是依賴感覺訊息而產生的。例如，看到紅色說是紅色的，這是一種由視覺獲得的感覺；而能夠體認如同血液般鮮紅，或感受到紅色象徵的熱情，因為曾經學習過色彩及紅色的概念，這種透過學習經驗所做的判斷便是知覺。因此，知覺雖然要靠感覺，但有了感覺卻未必一定產生知覺。

經由感覺而獲得知覺，經過一個選擇的過程，從感覺的資料依個人當時的需要、動機等情況的變化選取一部分加以整理與解釋。個人憑感覺歷程可以獲得「此時此地」環境中事實性的零零碎碎資料，而知覺過程則是把現實的資料與個人以往的經驗及欲望統合在一起。兩個有相同感覺經驗的人可能產生了生不同的知覺，這與他們所受過的訓練和所曾有的經驗有關。

我們用眼睛在觀看事物，是感官視覺。但感官視覺所見的是一個樣子，但實際上在解讀的是腦部，眼睛看到的影像是在進入腦部後才被詮釋。以下兩圖是經常作為知覺教材的圖例，首先**圖4-1**你看到的是女孩？還是老婆婆呢？看到圖中畫的是一位年輕女子者，看

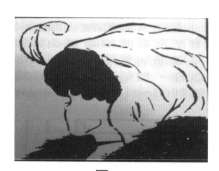

圖4-1

到的是一位頭戴羽毛帽，帶著項鍊的女子；看到是一位老婆婆的則看到了大大鼻子、戽斗下巴的老婆婆。

　　圖4-2堆疊的四個立體四方體，其堆疊方式於左側高還是右側高呢？將中間的菱形為立方體的側面，就可以分辨立方體的堆疊方式。由此可知，憑感官視覺所引起的知覺是主觀的，看到的是同樣的圖所刺激、解圖與理解的情況卻也不同。

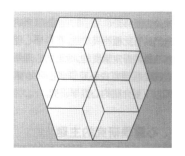

圖4-2

　　背景轉換也會產生知覺上的不同反應。當要處理兩個影像時，會無意讓其中一個影像浮現出輪廓，而其他的部分會退為背景。如**圖4-3**看到杯子的圖形後，如果開始注意到人的側臉，慢慢會覺得是兩張對看的側臉影像；若是先看到側臉，也會慢慢注意到杯子的影像。

圖4-3

　　當知覺失真的時候稱之為「錯覺」，如**圖4-4**和**圖4-5**兩條同樣長的線條置放的位置不同，就會錯以為長度就不同；兩條同樣長度的線條再加上不同方向的箭頭也覺得長度並不相同[4]。利用錯覺創作，即感覺訊息中錯誤的認知，造成知覺可能會扭曲，創作者可以利用「錯覺」讓觀賞者有不同的刺激與感觸，也形成表現與欣賞的樂趣。服裝的設計為了讓身形看起來顯瘦苗條可能利用線條；或又為了讓舞台看起來人多不空洞，演員舞者的空間位置布局也能製造錯覺產生的效果。

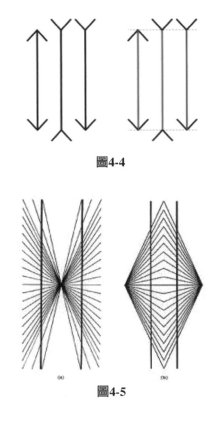

圖4-4

圖4-5

---

[4]Franz Carl Muller-Lyer在1889年最早發表視覺錯覺的其中一個。

其他，像是**圖4-6**和**圖4-7**所謂「不可能存在圖形」的運用，也是因為人的眼睛視覺產生了立體的錯覺，所以很難看出二次元影像，這樣的圖像增添了頗具創意的趣味性。

圖4-6

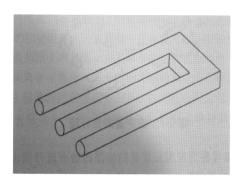

圖4-7

　　在舞蹈藝術的歷史發展中，舞蹈家們為了擴大表現生活題材的範圍和豐富舞蹈藝術的表現能力，不斷從文學、戲劇、音樂、美術等藝術形式中汲取滋養，逐步形成高度發展的**綜合性舞台表演藝術**。

　　情緒（emotion）與生理有關，但喜、怒、哀、樂是一種心理

狀態,當個體受刺激所引起的一種身心激動狀態,是指由某種刺激事件引起的生理激發狀態,當此狀態存在時,人會有主觀感受和外露外顯的表情,會有某種行為伴隨產生,從面部表情與眼神動作可以看得出一個人的情緒。

美國心理學家坎農與巴德[5]的情緒論(Cannon-Bard theory of emotion)認為情緒狀態時身體上會產生生理變化是肯定的事實,但人無法單以生理變化的知覺就辨別自己產生什麼樣的情緒。人們激動時血脈賁張、青筋鼓起,生氣、激動、興奮,都是生理反應,但情緒狀態卻無法單純判定;人是無法完全判定自己的生理狀態,因此,情緒是由外在刺激透過神經傳導引起,特別是腦部發揮了作用,透過神經,刺激的反應由大腦判斷產生主觀的情緒經驗,另一部分則傳達到臟器、肌肉產生生理反應,情緒是心理和生理同時發生的現象。美國心理學家沙克特[6]與辛格[7]在1962年提出情緒認知論(cognitive theory of emotion),說明情緒的產生除有生理變化外,還包含了個人認知的因素。一個人可以解釋自己產生情緒的原因,不是指解釋自己心跳悸動、血脈賁張等生理上的變化,這些都是引起情緒反應外在情境事件的性質;當某人在解釋自己情緒產生的原因,其他周圍的人若無法瞭解當時的情境,則很難真正理解那個人情緒的意義。例如,經歷親人離世,傷痛到流淚是生理上的反應,但他到底多難過,旁人可能無法領悟。換句話說,主張情緒的形成包括刺激事件引起生理反應,以及個人對生理反應的認知解釋,情

---

[5]沃爾特·布拉德福德·坎農(Walter Bradford Cannon, 1871-1945),美國生理學家。飛利浦·巴德(Philip Bard, 1898-1977),是坎農的博士學生。

[6]斯坦利·沙克特(Stanley Schachter, 1922-1997),美國社會心理學家,也作肥胖、出生序、吸菸的研究。

[7]杰羅姆·埃弗里特·辛格(Jerome Everett Singer, 1934-2010),美國心理學教授,主要研究壓力對心理和生理之影響。

緒產生的原因是個人的認知。情緒是個體生存的必要功能，人若沒有情緒，無法互相感受彼此的心境與滿意程度。

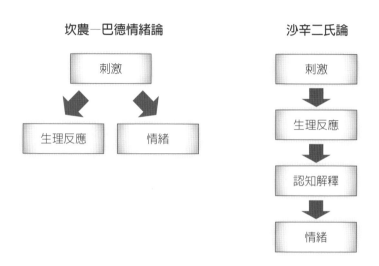

圖4-8　情緒理論略圖

意　識

　　人們具備先天的審美感受，美之所以產生源於人有審美意識。意識（consciousness）指對自己的存在、自己的行為、自己的感覺、知覺、思考、記憶、情感、欲望等各方面的覺醒狀況。潛意識（the unconscious mind）指潛隱在意識層面之下的感情、欲望、恐懼等複雜經驗，因受到意識的控制與壓抑，致使個人不自覺的意識。在內心深處被壓抑而不自知，潛意識在正常情況下無法轉變為意識；潛意識對性格和行為產生影響，「我也不知道我為什麼會這樣」就如同有一股潛意識操縱了你的行為，但你卻無法判斷為什麼會這

> 樣。在欣賞時當你全神貫注於某個焦點，即焦點意識（focal conscious），讓你清楚明確的意識經驗，而對於周邊僅有模糊不清的邊意識（marginal conscious）。

舞台的表演藝術，使觀眾在舞蹈的審美活動中思想上、情感上受到強烈的感染和鼓舞、陶冶和淨化。目前藝術心理學討論的問題在理解人性和理解人類文明仍被廣泛地認為有其重要性；在教育來說，也具有重要的意義。心智是需要訓練的。在此，創作的創意產生過程再次綜整，首先，要蒐集素材，平時就要蒐集與自己工作有關或感興趣的素材；其次，在腦海中想想這些素材該如何加以分類整理，思考這些素材能如何運用，接著在孵化醞釀點子的過程中，仍需要周圍環境的感應與刺激，多看、多聽、多想，領略生活的趣味，或許就能找到創意的點子。

三、舞蹈意象

意象的英語為image，中文也翻譯成像、影、形象、圖像等，指對某一刺激物，可能是人、或事、或物的抽象概念，是一種訊息傳遞的理解。在科學研究中，提出意象（image）的概念，認為意象對於人類的行為決策有重大的影響力，因為意象就是人類對於既定事物的印象，人們會對所相信的事實作反應[8]。

創作與想像以及思考或心像化有很深切的關係，知覺是指將包

---

[8] 肯尼思・博爾丁（Kenneth Ewart Boulding, 1910-1993），是生於英格蘭的經濟學家、教育家、哲學家，於1956年著有 *The Image: Knowledge in Life and Society* 一書，提到意象與人類行為間的決策之概念。

括視覺、觸覺、聽覺等感覺到的，以個體經驗、知識去理解解讀；意象則是將包括視覺、觸覺、聽覺等感覺到成為心像與印象。

創作者當有了創作點子時，會在想像作品的樣子，形成一種心像意象，例如，如**圖4-9**在舞蹈的創作中，創作者透過材料、舞者身體動作、音樂、道具、服裝設計等要素將作品表現出來，而觀賞者欣賞者所看到的，不論是外在的動作畫面、整體的美感，或是欣賞作品的內在情緒，感觸、心得，也會形成一種意象。

圖4-9 舞蹈創作作品的訊息傳遞

如此創作者的意象與欣賞者的意象是一種訊息的溝通，因此人們研究分析意象的特徵，再將結果提供給原創者編舞者參考，原創者編舞者則可依觀眾的意象確認是否就是自己所想表現傳達的訊息。

舞者要完成某種動作或演出的畫面時可能會進行想像，針對想要達成的境界狀態可能會在心中形成心像，這也是一種意象。意象也是一種觀念，因此也有觀念性的意象調查分析，像是設計意象、身體意象等相關研究。

美國心理學者**奧斯古德**[9]在1957年發展出一種語意心理的研究法，將對於意象以詞語表現，詞語富有語意，透過所觀察感知到的心像以語詞語意解讀，如果作為實驗，特別是將其語詞找到相對應的詞彙，在兩者之間的距離，作為一程度尺度的區分，就可以推測觀者在欣賞到作品過後的感知狀態，例如，某人看到一件衣服可能覺得美或醜，美的相對是詞是醜，那在美與醜之間若存在程度上的差異可以選擇，非常美、頗為美麗，或其實介於美與醜間的稱不上美或醜，又或有點兒醜、很醜、非常醜，那就可以知道欣賞者對這件衣服美醜傾向的判定結果，這樣的方法稱為「語意差判別」（semantic differential）。語意差判別法通常選擇形容詞語意，以程度副詞作為區隔判斷的尺度。

日本田中靖政[10]教授曾經在有關心理學評論的報導中，解釋意味的測定與情緒性意味，諸研究中提到心理學中的意象包含了內包和外延的意思。所謂內包的意思乃指在事物全體（外延）共通的性質。舉例而言，一個人有所謂的內在個性與外觀，個性光明的、文靜的、詼諧的等形容詞或形容動詞，可以形容一個人；而外觀的胖的、高的、好動的則是外在可觀察到的印象。**表4-1**是頭川昭子[11]教授以色彩學、音樂實驗、舞蹈上演作品和國際現代舞蹈比賽作品的觀看意象實驗，彙整舞蹈作品測定用的意象，感性的詞彙像是以明亮的、安靜的、激烈的等詞彙形容對舞蹈的印象則稱之為舞蹈**內性意象**；但對於像是觀看到的作品對於音樂、道具、動作量的多寡的印象則稱為**外性意象**。其內在與外在的區分是根據心理學評論理論的解釋。

---

[9]奧斯古德（Charles Egerton Osgood, 1916-1991），發展語意差判別（semantic differential）方法，也有翻譯為語意差異法或意味微分法。

[10]田中靖政（1931-2006），日本社會心理學學者，曾任學習院大學教授。

[11]頭川昭子（1944-），日本舞蹈教育學者，曾任日本筑波大學教授，著有《舞蹈意象》。

表4-1 因素分析舞蹈內在意象的相對語詞

次元	相對語意
明快性	愉快的―不愉快的、高興的―悲傷的、明亮的―暗沉的 熱鬧的―孤寂的、快樂的―痛苦的、有趣的―無聊的 可愛的―醜的、新潮的―老舊的、華麗的―樸實的
審美性	美的―醜的、高尚的―低俗的、清澈的―混濁的 自然的―造作的、喜歡的―討厭的
力動性	激烈的―安靜的、積極的―消極的、強的―弱的
彈力性	直線的―曲線的、堅硬的―柔軟的、男性的―女性的 群聚的―鬆散的、嚴肅的―溫柔的
調和性	集中的―零散的、正確的―不正確的、安定的―不安定的 規則的―不規則的
重量性	輕的―重的、細的―粗的
難易性	複雜的―簡單的、困難的―容易的
空間性	大的―小的、寬的―窄的

　　以上的例子則呈現，非常美麗、喜歡，有一點明亮、柔軟、輕盈的傾向，若是採群聚的統計實驗分析，就可以得知該物的特徵，即創作者與觀賞者間的訊息傳遞結果。目前，這種分析方法被運用在觀光地意象、城市意象、建築造型、公共藝術意象、美術意象、音樂意象等研究。

芭蕾舞

- 芭蕾舞濫觴
- 欣賞芭蕾

　　芭蕾舞是西方古典舞蹈的代表，眾人對芭蕾舞的特徵大致都有意象，像是穿著紗裙、特殊的舞鞋、女主角芭蕾伶娜……，《天鵝湖》、《睡美人》等芭蕾舞劇的名稱也都聽過。本章介紹芭蕾，分為三段，第一段說說芭蕾的簡史；第二段像說故事般地介紹幾個著名的芭蕾舞劇故事，選出的芭蕾舞劇故事是多數人聽過卻不甚瞭解者；第三部分算是雜談軼事，介紹了與芭蕾有關的小品和知名的芭蕾舞星。

一、芭蕾舞濫觴

　　芭蕾的起源被認為是歐洲宮廷戴假面的社交娛樂活動。文藝復興時期，義大利佛羅倫斯貴族梅迪西家族中公主卡薩琳‧梅迪西（1519-1589）嫁到法國為亨利二世皇后，將融合舞蹈、音樂朗誦、啞劇的宮廷活動帶入法國。這樣的活動包括於宮廷大廳或花園的表演活動，表演是在三面環繞觀者的場地進行表演，所以著重隊形變化及各種幾何圖形的畫面，也賦予表演內容題材，即貴族們穿著華麗服裝走著「路徑」做隊形上的變化。

　　芭蕾原有「劇」性的表演意涵，當時最著名的是1581年上演的《皇后喜舞劇》（亨利三世皇后妹妹結婚在波旁王朝辦理慶典的表演），據說此舞耗資鉅額極盡豪華，可見其規模之大。芭蕾舞史上重要的帝王人物就是路易十四。法皇**路易十四**[1]從少年就參與舞劇演出，其中以演升起的太陽最為著名，所以得到「太陽王」的稱號。由於路易十四支持舞劇演出，且熱愛舞蹈，於是於1661年在巴黎創設現今巴黎歌劇院國立音樂舞蹈學校的前身「皇家舞蹈學校」，

---

[1]路易十四（Louis XIV, 1638-1715），法國波旁王朝君主，十四歲即登基，是歐洲史上君主主權在位最久的帝王。

1672年增設了音樂科更名爲「皇家音樂舞蹈學校」。

　　王朝的音樂舞蹈學校支持了音樂與舞蹈走向精緻與專業，以舞蹈來說，**皮爾厄·鮑相**[2]指導專業訓練，同時期芭蕾確立了技巧訓練的**五個腳步基本位置**，還有藝術家負責服裝舞台等設計。當時的芭蕾仍如同今日之歌舞劇，是舞蹈、歌、音樂、啞劇的混合，編排的表演以「水平」的圖形變化爲主，小步舞、嘉禾舞等，雖然有女性舞者，但並非跳著現代看到雙腳會同時離地小跳的舞步。到了1730年代左右，舞蹈服裝與鞋子的變革，開始出現「垂直」的動作，也就是跳起來的空中舞步。芭蕾漸漸發展成舞台表演的節目，觀眾的位置也改成由下往舞台看，這影響了舞蹈畫面上的處理方式，爲了讓觀眾看得到精彩表演，舞者多了跳躍動作的安排。十八世紀，女子舞者展現雙腿交叉小跳的動作，也因爲先前女子舞者穿著厚重的裙子無法完成跳躍動作，而讓裙子轉設計成輕薄，芭蕾的特色漸漸形成。

　　今日所見的芭蕾舞蹈技巧確立於十九世紀，前述提到芭蕾在法國皇家的學校開始發展，但由於後來因法國社會動亂，優秀舞蹈家到義大利米蘭發展，1813年義大利戲院與音樂舞蹈學校成爲芭蕾的中心地，義大利又成了芭蕾發展的重要之地。另一方面，十八世紀時俄國**聖彼得堡**開辦皇家舞蹈學校聘請來自法國的舞蹈教師，1858年**貝帝巴**[3]開始在**馬林斯基戲院**大展身手，之後柴可夫斯基的《天鵝湖》、《睡美人》等劇皆由其編舞，十九世紀後半馬林斯基戲院因貝帝巴而成爲芭蕾舞劇天堂。

---

[2] 皮爾厄·鮑相（Pierre Rameau, 1674-1748），法國舞蹈大師，所撰的兩本書籍留下不少巴洛克舞蹈的寶貴訊息，對舞蹈史學貢獻極大。

[3] 莫里斯·貝帝巴（Victor Marius Alphonse Petipa, 1818-1910），貝帝巴亦被翻譯爲裴帝巴、珀蒂帕等，是芭蕾舞演員、教師、編舞者。

　　二十世紀，**迪亞格列夫**[4]募集馬林斯基戲院份子，創組**俄羅斯芭蕾舞團**（Ballets Russes），巡演於世界各城市，讓俄羅斯芭蕾舞團的名聲一直譽為世界第一流；俄羅斯芭蕾舞團舞團編舞**佛金**[5]在第二次世界大戰期間僑居紐約，芭蕾也在紐約生根。

　　芭蕾確實是起源於歐洲的文化，不過，亞洲的日本在明治時期因開始倡導近代化西化，加上俄國與日本鄰近，1911年（明治44年）日本**帝國劇場**興建首座西洋式演劇場，1912年開始有義大利音樂家在日本演出歌劇芭蕾。台灣在日治時期（1895-1945年）也有人赴日學習芭蕾。

　　現在，台灣學校的專門舞蹈教育（指舞蹈班及舞蹈科系）中，芭蕾舞的基本動作也被列為必修的課程之一，將芭蕾舞蹈動作視為舞蹈訓練的方法之一。

二、欣賞芭蕾

(一)芭蕾舞劇故事

　　芭蕾舞劇顧名思義是以芭蕾形式的舞蹈演出劇，換言之就是有劇性的芭蕾。舞劇結構以幕、景分段，有時安插序曲。古典芭蕾基於傳統芭蕾舞技巧，最著名的有《天鵝湖》、《胡桃鉗》等舞劇。

◆天鵝湖

　　《天鵝湖》（*Swan Lake*）是知名度最高的舞劇，無論有沒有

---

[4]瑟給・迪亞格列夫（Sergei Diaghilev, 1872-1929），俄羅斯藝術評論家、贊助人，成立俄羅斯芭蕾舞團。
[5]密赫爾・佛金（Michael Fokine, 1880-1942），俄羅斯舞蹈家、編舞家，被譽為「貝帝巴再世」。

學過舞蹈都聽過的這齣《天鵝湖》芭蕾舞劇有三幕戲和一個序曲，於1877年在莫斯科大劇院首演。

　　音樂是由俄國作曲家**柴可夫斯基**作曲，舞劇故事敘述王子到了選妃年齡，皇后要王子在次日的舞會上選妃，王子在夜晚時到湖邊獵捕天鵝時見到了一位貌美的女子。這名女子被施了魔咒，白天是「白天鵝」，晚上才是「女子」，這個魔咒要等到有某位男子能真心愛上她才能得救。王子看上了女子邀請她參加舞會，但次日王子卻被巫婆之女化身的「黑天鵝」所迷惑，並允諾與巫婆之女結婚。當王子意識到一切，趕到湖邊請求女子原諒，此時魔法掀起大浪要淹死王子……。《天鵝湖》舞劇故事取材於民間故事與童話，在演出劇情上會被調整改編，也有所謂《**新天鵝湖**》（*The New Swan Lake*）舞劇。

◆胡桃鉗

　　幾乎每年到了聖誕節，芭蕾舞劇《**胡桃鉗**》（*The Nutcracker*）就會搬上劇場演出。因為《胡桃鉗》就是以聖誕夜為背景的劇情，是二幕三景的舞劇。

　　其梗概故事是敘述於聖誕夜，女孩瑪莎的奇遇記，有點像是愛麗絲夢遊仙境的故事，女孩睡著夢醒這中間的一系列畫面。舞劇一開始為聖誕樹場景，客人到瑪莎的家，瑪莎的教父帶來一個玩具「胡桃鉗」。胡桃鉗被弄壞，瑪莎很難過，之後抱著胡桃鉗睡著了。此時，突然間玩具變大了，大老鼠跳出，胡桃鉗命令戰士和老鼠們戰鬥。胡桃鉗變成英俊的青年，他感謝馬莎的相救。聖誕樹越長越高，飄著雪搭上一艘金船。魔術師出現、老鼠追上來……，陽光照進瑪莎家，瑪莎醒來。

◆吉賽兒

十九世紀早期至中期強調以情感作爲審美經驗來源的主題爲主題，浪漫芭蕾舞情節心靈感官精神，最受歡迎的浪漫芭蕾舞劇就是《吉賽兒》（*Giselle*）。

《吉賽兒》的故事描述農家女吉賽兒有心臟病但熱愛跳舞。村裡的獵人喜歡吉賽兒，但另有經常假扮農夫到村子來討吉賽兒歡喜的伯爵。吉賽兒也喜歡伯爵，兩人允諾訂婚。一日，皇族人士來到村莊，獵人在衆人面前揭穿伯爵的身分，公主表示已經快和伯爵結婚，這讓吉賽兒聽了承受不住心臟病發而死。難過的獵人來到古老樹林中陰森恐怖的墓園裡；伯爵也來到墓園想請求吉賽兒的寬恕。幽靈皇后召喚吉賽兒的靈魂；吉賽兒本想攝走伯爵的靈魂，但看到伯爵確實爲她的死感到難過傷心時，吉賽兒原諒了伯爵。幽靈強迫獵人投入湖中，還包圍了伯爵要置伯爵於死地，吉賽兒求情，此時，天露曙光陽光升起，幽靈們失去魔力，伯爵得救。

◆《仙女》

《仙女》是十九世紀以來最著名的古典芭蕾舞劇之一，1832年於巴黎首演，許多人聽過此舞劇名稱，也能想像飄飄仙境曼妙芭蕾的意象，卻很少人知道其故事的梗概。故事敘述即將結婚的蘇格蘭青年在椅子上睡著，夢見仙女。蘇格蘭青年的朋友也在睡夢中，但夢見的是青年的未婚妻，他愛著這個女人，但她今天就要和別人結婚了。仙女在蘇格蘭青年面前跳舞，讓青年心神飄然。在婚禮進行時青年心事重重，雖然老巫婆告訴新娘，青年之情其實另有所鍾。青年覺察到朋友對他的妻子有愛意，但青年還是生氣，新娘也安慰青年。仙女表示喜歡青年，問青年爲何卻無動於衷。青年游移不定，既不想辜負新娘，也已經被仙女所迷惑。森林裡巫婆給了青年一條肩巾，要他給仙女披上就可以和仙女常相廝守。青年趁仙女出

現時將肩巾繫在仙女肩上，仙女翅膀掉落死了。

其他知名的舞劇，例如，根據莎士比亞的故事所編的舞劇《**羅密歐與茱麗葉**》，應該沒有人不知道其故事是敘述年輕男女爲愛情殉情的故事。《**唐吉軻德**》是根據**賽萬提斯**的長篇小說改編，但重點不在內容的敘述，在於場景舞蹈的特色表現。場景有巴塞隆納的酒館、吉普賽人、森林打獵、城堡，故事最後唐吉軻德醒來發現一切都是夢。

至於芭蕾音樂，《**天鵝湖**》、《**睡美人**》（*The Sleeping Beauty*）、《**胡桃鉗**》稱爲三大芭蕾舞劇，是指三齣的音樂舞劇音樂皆由俄國音樂家柴可夫斯基作曲。舞劇《**茶花女**》音樂由李斯特所編，舞劇《**羅密歐與茱麗葉**》音樂是普羅高菲夫寫的。換言之，如果學校設有西洋音樂欣賞等課，就可以知道芭蕾的音樂在西洋音樂史的意義，十九世紀和二十世紀音樂與舞蹈有著密不可分的關係。

(二)芭蕾舞小知識

◆芭蕾伶娜

芭蕾在悠久歷史發展下，最大的貢獻就是一套有系統的舞蹈訓練方式，台灣舞蹈班學生芭蕾是必修的課程，即便終究不擅長芭蕾，但因爲身體的訓練方式，都能看得到芭蕾肢體的影子。

表演芭蕾舞劇的人稱之爲演員，最著名的女芭蕾舞演員被稱爲**芭蕾伶娜**（ballerina）。雖然原指早期浪漫芭蕾舞的義大利芭蕾舞大師，字面的意思是絕對的第一芭蕾舞女演員，現在應該可以說是對跳芭蕾舞女子的美稱，英國皇家芭蕾舞團舞星**瑪格特・芳登**[6]，被

---

[6]瑪格特・芳登（Margot Fonteyn, 1919-1991），亦翻譯爲瑪格・芳登。

認為是英國最出色的女芭蕾舞星芭蕾伶娜。

◆垂死天鵝

很多人聽過《垂死天鵝》這個作品，大多以為是《天鵝湖》中的一段，但其實是一個短舞。1905年，**安娜・帕芙洛娃[7]**請米歇爾・福金創作一場獨舞，接受福金的建議採**聖桑**的大提琴獨奏曲，安娜・帕布洛娃在公園看到天鵝還有受到詩的啓發，以即興舞蹈方式，福金在其後彎曲他的手臂糾正細節，而成為《垂死天鵝》，舞蹈僅四分多鐘因此是獨舞的小品，精湛技術與表現力結合，安娜上演過四千次，舞蹈不是僅滿足眼睛而是透過眼睛為媒介穿透靈魂，看過的人都會感動。

◆芭蕾舞蹈家

喬治・巴蘭欽[8]是出生於俄國的編舞家，馬林斯基芭蕾舞團工作期間研習鋼琴、音樂理論、和聲和作曲，是一位以音樂性聞名的編舞家，曾與普羅柯菲夫、德布西、拉威爾等作曲家合作。創立美國芭蕾舞學院暨**紐約市芭蕾舞團**（New York City Ballet, NYCB），擔任藝術總監超過三十五年，被稱為美國芭蕾舞團之父，他將舞蹈標準和技術，運用到百老匯好萊塢，巴蘭欽擴展了古典芭蕾的傳統，**屬新古典主義風格**（neoclassical style），也被稱為最有影響力二十世紀編舞家。1928年於巴黎，他和史特拉汶斯基合作的《阿波羅》（Apollo），將古典芭蕾和古典希臘神話與爵士樂相結合，被視為是他最具創意的芭蕾舞劇之一。

---

[7]安娜・帕芙洛娃（Anna Pavlovna, 1881-1931），十九世紀末二十世紀初俄羅斯帝國芭蕾舞團主要藝術家，以創作《垂死天鵝》受到認可。

[8]喬治・巴蘭欽（George Balanchine, 1904-1983），被譽為20世紀最傑出的編舞家之一，創造了「新古典主義風格」，善於用舞蹈表達音樂。

說到舞蹈家，很多人都聽過**尼金斯基**[9]這個名字，安娜·帕芙洛娃和他都是出身於馬林斯基劇院，能跳、能編、能指導的舞者，他被稱為是二十世紀最偉大的舞蹈家，以對角色刻畫有深度表現技巧而聞名，但也頗有爭議，他最終被診斷出患有精神分裂症一直至死。

　　男舞星**紐瑞耶夫**[10]曾被稱為「這一代最偉大的芭蕾舞演員」，1988年曾率領巴黎歌劇院明星舞群來台，在國家戲劇院演出；電影1985年院線曾經上演過一部名為《飛越蘇聯》（*White Nights*）的電影，由**米夏·巴瑞辛尼可夫**[11]主演，描述舞蹈家嚮往自由而舞而叛逃至他國的故事，片中可以看到芭蕾舞和踢踏舞。男主角米夏·巴瑞辛尼可夫本身就是舞蹈家，出身於蘇聯俄國的芭蕾舞家，他和紐瑞耶夫被稱為是歷史上最偉大的男芭蕾舞星之一。1974年他嚮往西方開放舞風「投奔自由」在紐約市芭蕾舞團習舞，學習喬治·巴蘭欽的動作風格，亦成為藝術總監，在電視劇、電影亦有演出，甚至曾獲得奧斯卡最佳男配角和金球獎的提名。

　　無論是哪一個故事，編舞者以基於傳統的芭蕾舞蹈技巧來演出，則是古典芭蕾；如果嘗試部分新的改變，不以舞劇方式也沒有明顯情節，但遵循芭蕾的服裝或景可能呈現的芭蕾作品，則被稱為是**新古典芭蕾**；不強調歷史發展中的芭蕾的服裝或精緻，情緒音樂主題更加強烈，身體更不受限制，或許強調運動能力，稱為**現代芭蕾**。無論如何，時代繼續演進，舞蹈繼續改變，或者久久會被崇尚古典文化者以古典舞蹈為基調，則新的芭蕾仍然會被創造。

---

[9]瓦斯拉夫·弗米契·尼金斯基（Vatslav Nijinsky, 1890-1950），波蘭裔的俄羅斯舞者、編舞家。

[10]紐瑞耶夫（Rudolf Khametovich Nureyev, 1938-1993），蘇聯時代的芭蕾舞演員，以芭蕾舞技術精湛著名，但亦善於編舞，曾擔任巴黎歌劇院芭蕾舞團首席編舞。

[11]米夏·巴瑞辛尼可夫（Mikhail Baryshnikov, 1948-），舞蹈家、編劇、製片。1966年，19歲的他便成為蘇聯芭蕾舞團的台柱，後脫離蘇聯在美國發展。

Chapter 6

欣賞古典舞

- 中華民族舞蹈歷史概觀
- 中華民族舞蹈
- 古典舞蹈

一、中華民族舞蹈歷史概觀

　　民族（ethnos）是以一定文化性特徵為基準的群體，區別於其他團體的共同體；由遠古時代起舞蹈幾乎為各民族所有，民族舞蹈（ethnic dance）便是指某一民族具有獨特舞蹈特徵的舞蹈，它依據該民族的歷史社會發展及所處的氣候、風土和風俗習慣，而形成不同風貌的民族舞蹈（土風舞，folk dance）。中華文化歷史悠久，世界古老文化之一，所屬幅員廣闊的多數複數民族所組合而成的總稱，使得所謂的中華民族舞蹈樣貌呈現多樣。

　　依照舞蹈史，從中國舞蹈（Chinese dance）的起源極早；在紀元前，周代（BC1020左右-BC256）受到前朝（殷商時代）的影響，運用音樂與舞蹈實行禮樂制度，使得「雅樂樂舞」被確立。不過，雅樂樂舞雖然在各朝代宮廷的祭儀裡有著不可欠缺的要素，但由於在舉行神聖祭儀時，傳統的規制極多，故不像敘情或娛樂的舞蹈能被普及流行。

　　春秋戰國時代貴族有扶養樂舞專業藝人的風習，地方樂舞隆盛。漢代（BC202-AD220）的宮廷設置「樂府」培養專業藝人，地方的舞蹈得以導入宮廷。在宮廷中各饗宴的前座有表演「宴樂樂舞」慣例，其演技透過專業的藝人持劍、舞袖、地面上放置鼓等，以各式各樣的道具來進行表演，特別是女子的歌舞演技更是多見。

　　漢武帝「絲路」的開拓，更使得他國的舞蹈流入中國。這些舞蹈歷經漢代、三國時代、魏晉南北朝時代，在中國地區逐漸地被中國化，也成為中國舞蹈特色的一部分。漢王朝崩後中國進入長期分裂的南北朝時代，華南地區流行商業娛樂的女性舞蹈，華北則流行胡舞、羌舞等漢民族以外的舞蹈，促成中國的舞蹈文化多樣化的契機。

隋、唐時代（AD589-AD907）除了中國境內的舞蹈之外，中國周邊各民族舞蹈的演技集大成；舞蹈因各民族的樂舞文化交流而被創造出來，中國的歌舞音樂達到了發展高峰時期。

宋、元時代（AD960-AD1368）以後，舞蹈由民間的演藝團體來擔任，各地方的音樂、舞蹈、演劇被取入至三者一體化的戲曲中。清時代（AD1644-AD1911）中國中部地方的戲曲北上，在北京都城裡內容、技法被洗練。明時代（AD1368-1644）及清時代（AD1644-1911）民間發展多樣的舞蹈，例如：「連廂舞」、「採茶舞」、「老背少」等。這些舞蹈從明清時代起伴隨往台灣的大量移民而移向台灣。

在台灣，1950年代起舞蹈的發展可以說是以「復興中華文化」的國家政策為基點而展開，中華民族舞蹈比賽、學校教育中民族舞蹈教材化的提倡等。以學校組織來說，根據中華文化振興政策的一環「中國文化大學」及「國立藝術專科學校」（現位於新北市的「國立台灣藝術大學」）的高等教育機關裡設置舞蹈專門教育，及後來興辦的高中小學舞蹈班之舞蹈教育制度化，對中國舞蹈的定著與展開有著很大的功能。

二、中華民族舞蹈

(一)舞蹈分類

撇開西洋外國的民族舞蹈，現在我們所處的台灣之民族舞蹈大致有三個來源，一是漢族及居住在中國的少數民族舞蹈，第二類是台灣民俗舞蹈，雖然也自中國傳入，但與國民政府來台再次輸入的中國民族舞蹈也發展出中國境內民族舞蹈所沒有的特色，第三類是

原住民舞蹈。

　　1950年代台灣以復興中華文化的政策而展開音樂、舞蹈等藝文活動，1950至1970年代台灣的舞蹈發展以中華民族舞為主，政府舉辦中華民族舞蹈比賽，坊間舞蹈社的課程多以民族舞蹈為主，中華民族舞蹈隨著的時代意義出現質疑，現公辦的比賽雖已更名，但迄今仍持續舉辦，此外，舞蹈比賽競舞類型雖經過變動，但很長的時間以來都是將參賽類型的中華民族傳統舞蹈的類型分為古典舞及民俗舞二類。

　　根據中華民族舞蹈比賽實施要點說明古典舞蹈為「我國固有之傳統舞蹈，也為少數民族舞蹈之蛻變，於以整理編訂，載於歷史及有關樂舞典籍，為固定型態者，其內容、音樂、詩歌、服飾、舞具，應均須合乎歷史時代之背景，……」[1]；而民俗舞則明訂為「為我中華民族……等民族由不同的地理環境、風土等所產生，出自生活風俗」。由於比賽已經在台灣行之有年，為了參賽，使得在台灣看到的中華民族舞蹈大致習慣分為古典舞和民俗舞兩類。

　　除了少數民族的舞蹈，台灣舞蹈學習課程及技法性特徵來看，可以大範圍的將其分為「文」（身段）與「武」（武功）的二大舞蹈類型化。「身段」指的是戲劇演員在舞台的所作，邊配合著曲子的曲調，對應歌詞內容所表現的臉部表情和身韻技巧的動作表現。「武功」指的是戰鬥場面形式性的為了表現的動作，誇耀武力形式上的姿勢，還包括與體操的「地板運動」相似的被稱為「毯子功」的一連串技法。身段、武功所形成的舞蹈技法，在舞蹈科班入學考試成為中國舞蹈的必考科目，也使致台灣透過學校教育的習舞者都會具備這些技法的基礎與動作經驗。

---

[1] 台灣區八十學年度中華民族舞蹈比賽實施要點，奉教育部八十年十月二十九日台（80）社字第五七四八一號函核准備查，頁13。

(二)台北民族舞蹈團

　　1988年9月台灣民俗舞蹈家蔡麗華教授成立台灣第一個專業的民族舞蹈團,「期以傳揚中國舞蹈之美,傳承與創新傳統舞藝,開創台灣民族舞蹈新境界……從典雅優美的古典舞到表現各地方風土人情的民間舞蹈皆有,更將台灣本土素材,諸如原住民的歌舞、客家歌謠、民間廟會及藝陣等搬上舞台。希望藉由舞蹈的表演,能將這些源自於我們這塊土地上的生活藝術加以保存,讓社會大眾經由觀賞、欣賞,進而珍惜這些眞正屬於中國人的舞蹈藝術。」[2]

三、古典舞蹈

　　中華民族舞蹈比賽中的「古典舞蹈」並非「古舞」或「古代舞蹈」,與「古典文學」、「古典音樂」的「古典」顯然在意義上有些不同,是舞蹈基於中華民族歷代之古典型式,具有傳統文化內涵與風格的舞蹈,皆爲新編創作品之新古典舞。換言之,比賽的古典舞蹈並非以小品作品一代一代傳承下來的作品,中國歷史上的經典小說、神話等故事與人物、敦煌美術、詩文意境等均是古典舞蹈的題材,在服裝道具可以於漢風、唐風、古風而設計,因此所謂的古典舞之「古典」的意義,爲中國古代的典型、形式意象,舞蹈的作品名稱可以新創命名,亦可充滿想像與可以創作創意的自由。

　　所謂能夠新創新編的古典舞,即指非以「作品」傳承,而採以基於戲曲、武術、民間舞蹈等表現手法,彙整成基本動作與訓練課程的內容,透過基本動作重新組合,可以進行編配排組的「新」作品,而且作品名稱亦可以重新命名。例如,歷史上有些題材,像

---

[2]摘自台北民族舞蹈團簡介(1993)。

是著名美女西施是春秋時代人，常在村邊小溪浣紗，可以編創「**浣紗舞**」；勾踐獻吳王美人計，調來能歌善舞者教她舞蹈，西施在獻吳王後，討西施歡心建造表演歌舞之所「館娃宮」，有一長廊「響屐廊」，穿著木鞋跳著「**響屐舞**」；或是，古代服裝「長袖善舞」以長袖舞蹈的徒手「人舞」、古文物中女舞翹袖的刻紋、漢代戚夫人能歌善舞跳「楚舞」，或猶如《西京雜記》所載戚夫人善為「**翹袖折腰之舞**」，展現樣貌揚袖、彎腰具有曲線美感美妙姿態；劉邦〈大風歌〉「大風起兮雲飛揚」；趙飛燕身輕若燕能做掌上舞，臆測纖瘦身材輕盈之姿要能在「**掌上舞**」，表現漢宮曲中之意境畫面，表現「水色簾前流玉霜，趙家飛燕侍昭陽，掌中舞罷簫聲絕，三十六宮秋夜長」情景，以某時代故事名稱為背景的古典意象風格能編創舞蹈作品。這些舞蹈名稱雖然出現於文獻上，但實際舞蹈的樣貌並未傳承下來。

此外，眾所周知小說《西遊記》「齊天大聖」美猴王的故事，假扮猴子樣貌、模仿動作特色，並配合小說人物道具「金箍棒」、「觔斗雲」的出現，或「鬧天宮」、「鬧龍宮」等情景；或者，六朝時代北齊（549-577）「蘭陵王」長恭的故事，因面貌秀美戰場上激起士兵氣勢，戴假面指揮士兵作戰；杜甫〈觀公孫大娘弟子舞劍器行〉的「一舞劍氣動四方」展現舞蹈劍器舞的風格；白娘子與許仙之《白蛇傳》的故事「仙山盜草」等作品都被創作出來。作品的表現是以「基本動作」為基礎構成的，更換手持道具來表現作品場面的變化上具有重要的功能。在動作上，雖然作品動作數的多與寡與評價高低並沒有直接的關係，可是在「中國古典舞」項目多以被體系化的基本動作作為表現的基盤，創作多樣的作品。

許多故事取材戲曲也早已具備某種樣貌在戲劇中呈現，例如《天女散花》、《竇娥冤》、《五月雪》等，這些故事本身具備人物背景，故事的劇性與畫面，只要能配合人物造型設計、道具等便

能編創。

　　東亞多數國家其歷史發展都與中華文化有所密切關係，樂舞文化也不例外。以基本動作編配式的新編古典舞蹈，或許對台灣的習舞者來說是合理之事，但日本對於傳統音樂、舞蹈是沿襲著有宗家、家元制度，樣態不輕易改變，是以作品作為傳承的方式。村松一弥在研究中國傳統音樂時提到，中國傳統音樂是「型」的想像性表現，不允許安住於一個固定化的家元制度；音樂研究者瀧遼一也提到，社會性與國民性不同，日本雅樂是古老且保有長的生命，不改變的特色，不同於文化史來看是看過的事實隨時代變化的中國雅樂。舞蹈音樂都一樣，古代也好，現代也是，中國舞蹈都是在有限的框架中的創作作品。

(一)日本雅樂

　　日本雅樂：(1)從古代傳進日本的皇室、神道系歌舞；(2)西元五世紀之後，由亞洲各國傳進日本的外來音樂舞蹈；(3)於平安時代（西元八至十二世紀）興盛的樂曲。

　　西元701年所制定的大寶令中，制定了雅樂寮（歌舞の曹）的機構，從此時開始，來自亞洲各國傳進日本的音樂舞蹈就由這個機關來進行傳承的工作。在這些外來的樂舞當中又分成中國系統的唐樂以及朝鮮半島的高麗樂。日本的唐樂引進中國唐代俗樂宴饗樂，包含了林邑樂以及天竺樂等。除此之外，也包含了日本這些外來樂舞為基礎所新創的樂舞。雖然，從中國引進的樂舞是宴饗樂，但在日本卻有著雅樂相同的功能，也就是說，會用於天皇祖先祭祀以及祭祀神佛的場合，換言之，就是當成禮儀音樂來演奏。最注目的是西元752年於奈良東大寺所舉辦之國家及盛大活動「大佛開眼會」，在大佛面前設置一個舞台舉辦盛大的雅樂演奏會。日本雅樂

由皇居及京都的神社寺廟、奈良神社寺廟、大阪四天王寺，這三個
居於領導地位的樂家所帶領，稱爲「三方樂家」。1467年到1477年
日本史上內亂「應仁之亂」由於戰場幾乎在京都，使得雅樂在戰亂
中失傳，剩南都天王寺的雅樂。明治時代（1868年後因爲日本遷都
至東京，設置宮內省雅樂局（現宮內廳式部職樂部），目前還能上
演的唐樂還有蘭陵王、環城樂、拔頭、春鶯囀、萬歲樂、太平樂、
陪臚等。現在不僅於宮廷，這些樂曲也會在日本國內各大神社及佛
教的寺院中用於祭祀或法事的演奏[3]。

(二)文武表現

舞蹈比賽類型說明將古典舞修正說明爲「中華民族歷代之古典
型式，具有傳統文化內涵與風格的舞蹈」[4]。

現在在比賽作品中所看到的古典舞蹈，以身段展現的文舞題
材以顯現敦煌美術、神話中登場的天女與仙人、仙子等，以及以描
寫「美麗的情景」爲訴求的「優美感」的表現爲傾向。此外，古代
文獻裡留下舞蹈名稱與景象（盤鼓舞、大唐伎樂、霓裳羽衣舞等）
被觸發所構成作品，當然以歷史故事作爲題材的舞蹈也醒目。以京
劇武功動作所表現的武舞以歷史故事和古典性文學作品裡的登場人
物和英雄故事爲題材的作品，表現高度的武技和赴戰場的鬥志的作
品、表現赴戰場之際的勇猛與悲哀的作品、戰敗悲劇性的主題等，
尚有以手持道具來命名舞名的作品。

例如，採以司馬遷《史記》的記述之楚王項羽和美人虞姬的故
事：項羽戰漢軍之際，陷敵之計被圍於垓下，陣中項羽和虞姬最後

---

[3]參考104年11月25日（三）日本雅樂研究者三田德明於「2015舞蹈文化人類學
大師講座」之〈日本雅樂における唐樂唐舞の受容と傳承〉講演內容，口譯者
張瓊方。
[4]根據「107學年度全國學生舞蹈比賽實施要點」說明。

宴時，虞姬見敗色濃厚取劍而舞最後用劍自決，「劍舞」是這題材必演片段，在比賽作品中有類似題材的獨舞的作品，名稱「虞兮虞兮奈若何」、「垓下情」或「四面楚歌」，各不相同。

　　文與武舞場面，雖具有陰陽柔剛的特性，但並非男女性別之差異，民族英雄傳中，所謂的巾幗英雄樣貌之舞蹈作品表現便會出現文與武場面，例如以「楊門女將」為題材的作品，中國宋朝重文輕武國事衰弱，受外族入侵之擾，楊家本為武將之門，然楊家男子戰死沙場，只得由楊家女子上戰場征戰的樣貌，特別是最知名的楊家媳婦穆桂英，作品穆桂英掛帥便是女子的武功舞蹈，由於楊家以槍法著名，因此，以楊門女將為題材，出現「槍舞」。「擊鼓戰金山」，以宋朝為背景，主角梁紅玉擊鼓作戰亦是。

表6-1　中國古典舞類型作品名稱分類

	題材	作品名
文舞	敦煌	飛天：《仙樂舞飛天》、《飛天伎樂》、《飛天》 樂伎：《天樂旋音》、《敦煌飛天》、《敦煌舞伎》、《敦煌舞千姿》 仏の姿：《敦煌舞韻》、《敦煌彩塑》
	仙	花の仙：《花仙》、《蓮花仙子》、《荷花仙子》 天女：《天女散花》
	情景	《彩雲飛》【2】、《雲想衣花想容》、《秋韻》、《蓮》【2】、《蓮池遊蹤》、《蓮燈樂舞》、《江波舞影》、《春江花月夜》、《秋夕》、《舞伎》
	舞蹈名	《盤鼓舞》、《大唐伎樂》、《蘭陵王》、《霓裳羽衣舞》
	歷史故事	「梁祝」：《思蝶》、《化蝶》、《蝶戀》 美女「西施」：《子夜秋歌》 「竇娥冤」：《竇娥冤》

（續）表6-1　中國古典舞類型作品名稱分類

	題材	作品名
文‧武併用	歷史故事人物巾幗英雄	虞姬：《虞兮虞兮奈若何》、《虞姬》、《虞美人》、《垓下情》、《紅顏別君》 白娘子：《仙山盜草》 梁紅玉：《沙場女將－梁紅玉》、《擊鼓戰金山》【2】 穆桂英：《楊門女將》【2】、《穆桂英掛帥》【2】、《穆桂英》 花木蘭：《木蘭從軍》、《木蘭歸》、 樊梨花：《戰場女將－樊梨花》、《樊梨花－移山倒海》、《樊梨花》
	巾幗英雄	《巾幗豪情》、《巾幗英豪氣軒揚》、《不讓鬚眉》【3】、《巾幗英豪》【4】、《玉女英姿》
	武者	《英雄出少年》、《蘭陵王》
武舞	歷史故事（物語、人物）	岳飛：《滿江紅》、《精忠報國》【2】 哪吒：《哪吒戲海》【2】、《哪吒》、《火龍兒》、《火孩兒》 陸文龍：《雙槍陸文龍》 孫悟空：《美猴王》【2】、《齊天大聖》、《鬧天宮》 「水滸傳」人物：《梁山好漢》、《武松打虎》 呂布：《英武霸王呂布》 二郎：《二郎除妖》
	戰敗	《魂繫漢土》、《忠魂曲》、《戰魂》
	誇示武力征戰場面	《出征》【7】、《赴戰》【2】、《征戰》【2】、《耀武英姿震寰宇》、《戰鼓震天威》、《鼓震軍威》、《武動天地》、《耀武揚威》、《威震疆場》、《凱歌耀武慶太平》、《備馬揚槍赴沙場》、《臥虎藏龍》、《習武》
	道具（槍、劍、刀、弓等）	槍：《雙槍舞乾坤》【2】、《長槍舞英姿》、《銀槍飛舞要乾坤》、《槍嘯震山河》 劍：《劍器英姿》、《劍器》、《劍器英豪》、《凌劍飛舞》【2】、《凌劍》、《劍魂》【2】、《劍影》、《戲劍》、《劍舞》 刀：《刀中乾坤》、《玉女神弓》 太鼓：《戰鼓舞雲飛》 馬、槍：《備馬揚槍赴沙場》

注：《 》：作品名。【 】：同作品名稱出現次數。（根據90-94學年度舞蹈比賽參賽作品）

欣 賞

　　台北民族舞蹈團演出《古韻情》作品簡介

◎作品《仕女圖》

　　「中國古典仕女，長袖飄逸，腰柔婉約，充滿典雅詩情。本舞描繪倚欄思春、縷縷心緒，時而含蓄幽怨，時而輕俏雀躍。甚或如奔泉之澎湃翻騰，形成風華多姿的畫中仙子。」（編舞／蔡麗華，作曲／盧亮輝）

◎作品《敦煌傳說——莫高女神》

　　「敦煌位於中國西域，漢唐以來是中國古代絲路往來的商業重鎮，中外藝術的交流，使敦煌壁畫融合了中原舞蹈和西域舞姿，如赤足、手臂多稜多彎、手姿豐富，身體呈S形等特色。莫高女神展現敦煌雕塑中端花，秀美文雅的古典女性之美。」（編舞／高金榮，作曲／周仲康）

◎作品《敦煌傳說——妙音反彈》

　　「典型古典樂舞表現156洞窟中最特殊的儀態，樂師為表現各種彈撥姿勢以悅眾人而舞之。」（編舞／高金榮，作曲／周仲康）

◎作品《盤鼓》

　　「漢時傳自西域，後在宮廷中盛行的樂舞，舞者在鼓上輕巧彈跳，或以珠袖擊鼓，形成獨特風格。」（編舞／閻仲鈴，作曲／盧亮輝）

　　　　　　　　　（摘自台北民族舞蹈團1993年演出節目單）

欣賞民俗舞蹈

- 民俗舞蹈發展
- 台灣原住民舞蹈作品
- 常見民俗舞樣貌

舞蹈與美學賞析

一、民俗舞蹈發展

民俗（folklore）指特定人群集團共享的文化體現，即將古老的習慣、風俗、信仰、傳說、技術知識傳遞給後代；某種意味是指與較宮廷或高層的文化對照下的俗民、庶民、常民的文化，因此，**民俗舞蹈（folk dance）**是指與民間生活有關，由各地域民間流傳的舞蹈，因此也稱民間舞蹈，這些舞蹈常出現於民間民俗遊藝集會、信仰祭祀行事時的表演活動，有時具娛樂及信仰色彩，或具有功能性或娛樂性傾向。

根據中國舞蹈史，隋唐時代樂舞雖曾盛極一時，但唐末時局動盪造成宮廷藝人流落於民間，使得接續的宋、元時代（AD960-AD1368）舞蹈由民間的演藝團體來擔任，各地方的音樂、舞蹈、演劇被取入至三者一體化的戲曲中。清時代（AD1644-AD1911）中國中部地方的戲曲北上，在北京都城裡內容、技法被洗練。明時代（AD1368-1644）及清時代（AD1644-1911）民間發展多樣的舞蹈，例如：「連廂舞」、「採茶舞」、「老背少」等。這些舞蹈明清時代起伴隨往台灣的大量移民而移向台灣。1930年代，同年時代在國外學習過現代舞蹈和芭蕾的**戴愛蓮**[1]，基於對中國傳統戲劇和舞蹈的愛好，以桂戲技法作為基礎，編創了與西洋現代舞與芭蕾舞有不同表現的《啞子背瘋》的作品。

抗戰時期因社會動亂期間，政府無暇支援舞蹈等文藝活動，但在國民政府來台後，1950年代即開始辦理中華民族舞蹈比賽，雖說一開始是由軍部主導而具體化，但這樣的契機也使得中國舞蹈的

---

[1]戴愛蓮（1916-2006），中國舞蹈家、編舞家。青少年時期出國習舞，十年後回到中國任教，後主持北京舞蹈學校及中央芭蕾舞團。

展開擴及民間團體與學校，展現中華民族風格的舞蹈由少數的舞蹈家將大陸式的中國舞蹈帶入台灣，另一方面，源於台灣在住的舞蹈家，也以民間舞蹈團體、舞蹈社經營擔起舞蹈教育的一端，而這些舞蹈社依從政府的指示對推動中國舞蹈也有顯著的貢獻，「連廂舞」、「綢舞」、「老背少」、「蚌舞」等舞蹈樣貌都可以在比賽的作品中看得到，創作了不少民族民俗舞蹈的新樣貌。

　　政治性因素使台灣和中國大陸曾經隔著海峽兩岸各自發展文化，舞蹈的風貌也略不相同，台灣在進入1960年代以後隨著經濟的發展，政治性意識次第變弱；1970年代末以後，台灣以本土建設爲口號的努力被開始，推動舞蹈的目的是定位在提升國民文化水準和加強教育內容。

　　1980年代開始有大陸舞蹈工作者來台授課，大陸風的訓練方式和動作表現法引起台灣習舞者的新鮮感；1990年代初期，兩岸的開放讓中國大陸歌舞團能來台灣表演，像是**楊麗萍**[2]孔雀公主的舞蹈、雲南歌舞的表演等，在台灣掀起仿大陸的熱潮，舞蹈動作、服裝造型、音樂等在比賽中曾掀起「抄襲」的爭議。

　　現在，舞蹈比賽將舞蹈類型，除了現代舞和兒童舞蹈兩組，另兩項仍限定以中華民族爲範圍，一類是「古典舞」，另一類便是「民俗舞」，後者以「中華民族各地區的生活節慶、民風特色的舞蹈，含各民族節令舞蹈、鄉土舞蹈、原住民舞蹈等類型」[3]定義之。雖然，所謂古典與現代應是對應時間軸的詞彙，而民俗是象徵族群與地域生活型態的詞彙，由於比賽已舉辦多年摸索出某種慣性的思考方式，但在分類上仍偶有難於辨明時有爭議之處。確定的是，在台灣人口僅次於漢族的第二大族群台灣原住民，其「原住民

---

[2] 楊麗萍（1958-　），中國大陸雲南人，身分爲少數民族，在1992年爲大陸第一位來台演出的舞蹈家。

[3] 根據「107學年度全國學生舞蹈比賽實施要點」說明。

族舞蹈」的作品量在民俗舞蹈項目中有顯著增多傾向。

二、台灣原住民舞蹈作品

(一)原住民舞蹈發展背景

中華民國政府在移台初期，為了標榜宣揚中華文化曾大力推行中華民族舞蹈，1950年代開始啟動的民族性舞蹈比賽就是在這樣的契機下產生的。比賽造就了各式型態的中華民族舞蹈參賽，原住民舞蹈當然也包括在內。比賽曾將中國民俗舞明訂為「為我中華民族……等民族由不同的地理環境、風土等所產生，出自生活風俗」，使得原住民舞蹈則多出現於民俗舞，其表現的手法在於「強調各民族的音樂歌謠、服飾、道具、特殊裝飾，以及強烈的地方色彩及舞蹈型態」[4]。舞蹈比賽開始舉辦初期，台灣知名的舞蹈教育工作者都曾涉入原住民區學習歌舞，並進行了推廣的工作。

李天民[5]於1949年起就曾走訪屏東三地門、花蓮吉安鄉田浦聚落、花蓮秀林鄉、台東等地，曾造訪阿美、布農、排灣、卑南等原住民部落，他曾參與台灣省政府及全國教育會等單位的原民舞蹈推廣工作，編排了數支原住民風格的舞蹈作品，在研究上也有較多的

---

[4]台灣區八十學年度中華民族舞蹈比賽實施要點，奉教育部八十年十月二十九日台（80）社字第五七四八一號函核准備查，頁13。

[5]李天民（1925-2007）編創的原住民風格的作品像是著名的《高山青》，以及民國四十二年國慶紀念大會所演出的《英雄美人》，兒童舞蹈《山地舞》（1950-1966）、花木蘭戰鬥晚會國防部女青年工作《阿美族舞》（1951）等，其撰寫文獻有《台灣土著民族山地舞之研究》（1990）、《台灣省山地藝術展演出專刊》、〈台灣山地各民族舞蹈之研究〉（1978），《藝術學報》第23期等。有關李天民教授之經歷資料可參考伍香芝所撰之《李天民——舞蹈慌原的墾拓者》（2004）一書。

發表，曾表示原住民舞蹈有如「踏歌」，重點在於下肢基本舞步，或走、或跑、或跳等動作，動作難度不高，並認為原住民舞蹈可以沒有場地、人數限制，大家可以群聚手拉手共舞等見解。他曾協助花蓮和台東地區的阿美族、卑南族的原住民編排舞蹈，由於後來任教舞蹈相關科系主管並擔任民族舞蹈比賽委員及評審，在舞蹈學界其影響不容忽視。

　　台灣舞蹈教育之母**高棪**[6]在五〇年代初期曾走訪新竹地區的原住民部落，也曾參與台灣省教育會及全國教育會等單位的原民舞蹈推廣工作，編了數支原住民風格的舞蹈小品，讓原住民舞蹈在經過其整理與組合後，動作、舞步、音樂、歌詞、舞意、隊形有脈絡可循，在1954年到原住民部落考察後，曾經任教於多所師範學校，在舞蹈教育上影響層面甚廣。此外，現在的中國文化大學曾經是高等教育體系唯一設有舞蹈學系的學校，而其於該校前後長達約二十多年的任期，亦可推知其於台灣舞蹈界的影響力。以台灣原住民文化為基調所創作的舞蹈，在當時通稱為「山地舞」，中國文化大學所屬的華岡舞蹈團[7]在1967年至1981年期間，演出頻率最高的作品也包括了「台灣山地舞」，透過舞蹈系的演出活動也影響一般人對原住民舞蹈的印象。

　　學者**劉鳳學**[8]（1925-）雖然後來退出了民族舞蹈比賽，但參與比賽的期間也曾研究並編創原住民風格的舞蹈，她自陳花了四分之一世紀的經驗在研究原住民舞蹈，無論在政府的補助或是自費的情

---

[6]高棪（1908-2001）編創的原住民舞蹈風格作品有《萬眾歡騰》、《如在天堂》、《快樂生活》、《伊那魯灣》。根據江映碧（2004），《高棪——舞動春風一甲子》，頁88，台北：行政院文化建設委員會。

[7]1967年華岡舞蹈團創立，團員為文化學院（現中國文化大學）學生為主。

[8]劉鳳學（1925-），舞蹈學者，曾經任教台灣師範大學，曾擔任兩廳院主任，成立新古典舞蹈團。

況下，前後走訪了台灣本島及離島的原住民部落，其研究不僅是收集歌舞動作的樣式而已，也從原住民的文化來分析其舞蹈的特質，更進一步欲藉由舞蹈去體察原住民的文化與社會結構，她認為達悟族生活方式與海洋的關係密切，舞蹈表現像是在與海洋對話；而卑南族有同樣的舞步在不同的場合用不同的態度來表現，舞蹈有性別之分但多為男女共舞；排灣族男性才可跳的「狩獵舞」與魯凱族的「狩獵舞」類似，質疑其表現有受到西方文化的影響。總之，劉鳳學教授堪稱是一位認真的研究型舞蹈工作者，由於曾在師範體系任教，後又擔任國家戲劇院及國家音樂廳主任，籌組「新古典舞團」，先後編創了不少與原住民文化題材有關的舞蹈作品。

(二)作品表現內容與型態

中華民族舞蹈比賽後更名為全國學生舞蹈比賽，成了年度教育工作之一。為了參加比賽，各校負責教師從決定表現的題材與內容、伴奏音樂（或歌曲）及樂器的選取、道具製作、服裝運用與設計、學生的動作訓練，負責教師們都付出心力。原住民舞蹈透過學校教育而推廣，以下以舞蹈比賽的作品表現為例，說明從參賽作品中窺探出原住民表現內容的特徵。

以祭為字尾的作品，經常出現於比賽作品中。作品《捕魚祭》[9]其表現分為四個段落，第一段「祭儀」表現頭目帶領祭司驅魔，並喚醒大地之神來襄助族民捕魚祈求順利。第二段「工作」是表現在族民辛勤捕魚的情景，由男舞者舞出各種阿美族的捕魚方式，並由女舞者表現代表流水，利用隊形的變化表現流水漩渦，男族人在流水漩渦的水勢裡仍得辛勤工作，利用各種捕魚的方式，努力捕魚。第三段「慶豐收」，亦由男女共舞，分為感恩舞、豐收

---

[9]桃園縣立八德國民中學連續數年參賽作品。

舞、勇士舞三部分。最後一段「分享」則以男女舞者手拉手共同舞出漩渦狀的隊形，代表分配與分享。另有作品《阿美族捕魚祭》[10]同樣表現捕魚祭的情景，舞蹈的結構也是分為祭儀、工作、慶豐收、分享四個段落，換言之，這正是原住民舉辦捕魚祭時的整個過程景象。

作品《成年祭》[11]與《阿美族成年祭》[12]表現南勢阿美族群男子年齡階級組織的文化，全舞分為四個段落，呈現了「頭目召集──體能、農事、狩獵、捕魚訓練」、「成年禮──頭目或巫師的祈福，加羽毛冠以示完成成年禮」、「成年禮後的豐年舞蹈慶祝」、「在分享的喜悅中載歌載舞」的情景，由此也看出年齡階級組織文化的成年祭是分為頭目領導孩子成長的過程、頭目巫師加冠儀式、全族都會為已成長者祝福與慶賀等歷程。

作品《布農舞祭》[13]表現的內容為布農族祭祀的情景，全舞分為「祭儀」、「報戰功」、「歡樂歌」三段，其中第一段的祭儀再分為「長老呼喚」、「獵前祭槍歌─拜神」、「祈禱豐收」、「祭槍歌─巫師帶唱」四個部分。

另作品《麻里巴》[14]舞意詮釋文所述如下：

第一幕　在這個小小的內文社群裡，每一天的生活都靠著狩獵生活，而在每一次上山的時間狩獵都需要靠著非常久的時間，第一首歌謠由勇士狩獵之前，帶領著部落勇士及婦女唱著稱頌勇士這首古調。

第二幕　勇士上山狩獵的過程，經歷千辛萬苦，帶著部落的

---

[10] 92學年度花蓮縣吉安國中作品。

[11] 96學年度花蓮縣吉安國中作品。

[12] 95學年度花蓮縣天主教海星中學作品。

[13] 95學年度台中縣四箴國中作品。

[14] 102學年度屏東縣初賽參賽作品（國中團體組）。

期待，每個路程都有每個族靈所留下的印記，而勇士舞傳說是排灣族為祈求出征順利激勵勇士士氣的舞蹈。

第三幕　少女創作舞　少女帶著含羞的表情，帶著成熟的動作，已表示自己快成長，將成長成為部落裡的傳統婦女！每個少女都有不一樣的特色。

第四幕　部落勇士及部落婦女，為感謝族靈賜予我們重要的食物，前後呼應，相同舞步，無論是天，無論是地，凡事感恩，凡事感謝。

第五幕　群舞　感謝所有部落的族人的努力，一起歡樂、歡舞、歡唱感謝族靈的守護，感謝上天的賜予。

麻里巴是原住民的一個社，全舞分為五幕，但若仔細觀察，第四幕和第五幕同為群舞歡慶，換言之，此舞依循四個段落：儀式、出征勇士舞、女子舞蹈、群舞；展現儀式、狩獵、歌舞、群起歡樂的樣態。原住民舞蹈祭儀、感謝祖靈的呈現是舞蹈表現常見的內容。

有些作品名為《賽夏風情》、《泰雅風光》等，表現的焦點即在於呈現某一族的風土景象或風情。舉例來說，作品《原舞風情》[15]以阿美族風情，將舞蹈分為薪火相傳、捕魚、打獵三個段落表現原舞風情。作品《達雅舞藝馬諾園》、《紋面部落達雅園》[16]以「達雅」二字命名，「達雅」tayah為泰雅古地名，其中《紋面部落達雅園》表現分為六個段落：「祖靈的訓誡」、「真正的泰雅男人與女人」、「部落的天子——頭目」、「祭典與節慶」、「彩

---

[15]基隆市八斗國民小學作品。

[16]《達雅舞藝馬諾園》是94學年度宜蘭縣四季國民小學作品。《紋面部落達雅園》是95學年度作品。

虹的衣賞～給泰雅勇士」、「泰雅戀舞」。作品《成年禮讚》[17]表現原住民男、女生成長故事；男子因為被野猴攻擊，故決定好好學習加強自己的體能訓練，並學習狩獵技巧得以謀生；女子則要學習織布技巧和家事技巧，最後則以舞蹈表現族人和父母為他們祝福的景象。作品《崢嶸「頭角」lokah ta iaqi TUNUX QARA》[18]以祭、獵、織、融四個段落畫面來呈現泰雅族的風情，其中前三項的祭、獵、織為原住民生活的描寫，最後段落的共舞表現泰雅族群和樂融融的景象。呈現原住民風情的舞蹈，呈現了狩獵、織布等生活型態。

作品《笙歌竹影》[19]是竹竿舞的表現，利用長短竹節作為道具，和著音樂樂曲的旋律，邊敲打竹節的節奏，邊配合動作，活潑熱情熱鬧的舞蹈場面，展現原住民族迎賓待客的宴會場面。另有作品名為《舞動山林》[20]顯示原民舞蹈能震撼山林，欲「表現排灣族與魯凱族舞蹈的力與美」。從原住民舞蹈作品中，若看到名為「勇士舞」、「鬥舞」、「宴舞」、「祭舞」即能窺視出作品內容強調呈現原住民某種類型的舞蹈，他們的舞蹈有些被賦予其功能性，能夠取材於大自然，製成樂器、製成道具以舞蹈展現力與美，以舞蹈展現勇士的戰鬥力，以舞蹈展現迎賓的熱情力，顯示歡樂熱鬧的場面「美」。

《勇士與百合花》、《勇士與百合》[21]、《愛戀百合花》[22]等作品均表現魯凱族的傳說故事。根據魯凱族傳說：頭目的女兒巴嫩

---

[17]96學年度桃園縣奎輝國民小學作品。
[18]桃園縣復興鄉的長興國民小學作品。
[19]花蓮高農作品。
[20]95學年度參賽作品台東縣台東國中作品。
[21]94學年度大王國中《勇士與百合花》、96學年度則為《勇士與百合》。
[22]95學年度介達國小作品。

公主愛上百步蛇蛇郎，在巴嫩結婚當天族人送嫁到鬼湖邊，巴嫩告訴父母當族人狩獵時來到鬼湖邊會守護族民，接著就與蛇郎走入湖中……。這是「巴嫩與蛇郎」的故事，敘述著魯凱族男性勇武善獵者在獲得頭目賜權後可配帶百合花，女性貞潔者可獲賜配百合花權的由來。作品《人蛇戀傳說──排灣篇》[23]亦是一傳說故事，傳說遠古的百步蛇能言善語並能化為人形，經神鳥指示到部落幫忙，雖平時為不打擾族民，蛇族與人是分開工作的，但某日巧遇頭目之女便愛上頭目的女兒，之後入贅於頭目家並繁衍後代。還有作品名為《迷靈岸》（Miling'an）[24]，據說「迷靈岸」在排灣族語裡是說故事的意思。故事情節如下：

> 「天上飛來一隻壯麗的kurakuraw，要找尋凡間最美的女孩為妻，看上大頭目的女兒。原大頭目割捨不下父女親情，而拒絕婚事，然而，孔雀王子苦苦哀求，以真誠的心感動了大頭目；大頭目並訂以一百串的孔雀珠手環、孔雀珠項鍊以及孔雀珠戒指和孔雀髮簪作為聘禮，完成天人婚禮，傳為佳話。」

其鋪陳分為四段：

第一段「追尋與邂逅」。部落裡，男人正在雕刻，女人篩著小米，突然間，「轟」的一聲！一陣嘹喨的鳥叫聲伴著羽翼的拍打聲，響徹整個部落，貌似咕咾咕咾（kurakuraw）的巨大身影，羽翼豔麗且華貴地從天而降，正朝向部落族人而來。女主角（姆瑤瑤）看見孔雀王子咕咾咕咾的英勇以及身上鮮豔且華麗的圖紋，悄悄地愛上了他。

---

[23] 國小B團體乙組民俗舞作品。
[24] 99學年度屏東縣國立內埔農工職業學校作品。

第二段「天與人、動物與人的愛情不能被認同」。某天，姆瑯瑯與友人們背著族人偷偷出遊，尋找咕咾咕咾的下落，她呼喊咕咾咕咾的名字，呼喚聲迴盪於山林，思慕之情穿透雲霄……咕咾咕咾感應到了，他翱翔於天空並灑下了百合花，少女們雀躍地將美麗的百合花戴至頭前，開心的模仿咕咾咕咾的英姿與他翩翩起舞。

　　咕咾咕咾用他最勇武的雙翅緊緊的抱著姆瑯瑯往天空飛去，姆瑯瑯的淚水瞬間在空中落下，咕咾咕咾也灑下了美麗的圖紋珠，與姆瑯瑯的淚水，將美麗的孔雀圖紋珠送給部落的族人。飛去了！消失在雲端之中！

　　作品《ivut美麗織紋的約定》是根據布農族的傳說故事，道出布農族尊敬百步蛇的由來，但顯然仍是人與動物，動物擬人化的故事基調。

　　傳說一位婦人想織一件胸衣，慶祝老公狩獵有成，在思考織什麼花紋時，看到百步蛇，便向母蛇借了一隻小蛇，用小蛇的紋路做紋飾，小蛇卻因疏於照顧死亡，母蛇決心復仇，多年後，雙方決定和解，布農族人在服飾繡上菱形紋表示對百步蛇的尊敬。

　　《Homeyaya的傳奇》[25]為鄒族樂舞，Homeyaya是小米祭，因題名的傳奇二字得知其表現為具故事性的敘事舞蹈。全舞依照舞曲分為四個段落：

　　第一段「部落風情」，呈現原本祥和的部落卻遭洪水沖毀，族人避居「塔山」，打算重新開闢新家園的景象。第二段「獵人戰舞」，表現獵人與自然搏鬥，呈現開闢新天地的艱辛過程。第三段「粟米祭」，表現鄒族人小米豐收時，呼請粟米神及族人舉行瑪雅斯比（mayasvi）的種種情景。第四段「歡聚」，表現族人圍著米倉男女攜手同歡的景象，利用竹節竹槍道具，呈現有人打著竹節跳

---

[25]96學年度台中縣立長億高中國中部作品。

舞、有人耍著竹槍歡樂的情景。

除舞蹈開始多了「原本祥和的部落卻遭洪水沖毀」，其表現仍回到祭儀、工作、歡聚的模式，獵人戰舞表示努力開墾奮鬥，祭儀則謝神、謝天、謝族人，最後則族群歡樂融合的呈現方式。

原住民生活中伴以相隨的神話故事基調，似乎多是神化身動物，人神相戀，頭目的女兒，有意思的是與神相戀多是頭目的女兒，這表示頭目家的地位不同，頭目家族有著帶領族群、保護族人、被族人尊敬的階級性與社會秩序。

依照上述，原住民舞蹈作品以呈現祭儀舞蹈、呈現情景畫面的舞蹈、表現舞蹈與音樂、敘述傳說或故事之具有劇情的敘事舞蹈為主。從原住民舞蹈中窺探到強調祖靈、頭目、耆老帶有階級的敬畏與秩序，在生活上需務農、打獵以獲取食物，故男子須強健有力，女子須勤勞工作，全族娛樂乃在於載歌載舞，懂得分享與感恩；敘述的景象是以呈現故事般的過程或分幕的呈現方式來陳述欲展現的景象，鋪陳的過程從嚴肅或震撼，進入情感的流露，最後歡樂場面做結尾。總而言之，從舞蹈中窺探到祖靈的訓誡、頭目的威嚴之重要性，務農、捕獵、愛戀、紋面、織布則是生活的寫照，舞蹈本身和將舞賦予功能是原住民藝術生活的一部分，作品內容的表現在於原住民祭儀、捕魚、狩獵、織布、舞蹈、說故事等生活在「傳統的」、「大自然的」生活景象，呈現的方法通常以儀式、工作、祭儀、分享四段區分，顯示原住民生活寫照與樂趣，換言之，具象多於抽象、想像，且以歡樂情境收尾；原住民生活中以人與非人間的愛戀故事、編說倫理或事物的由來、族人開墾拓荒的努力過程等，是傳說與故事的基調，這些都是生活中可以轉換為舞蹈、藝術表現的題材。

三、常見民俗舞樣貌

(一)服裝

在比賽中要區分「傳統」與「現代」時，外觀的服裝是一目了然的特徵。舞蹈比賽的中華民族舞蹈戲服服裝大致可分爲下列兩類：

第一類穿著以中國古代宮廷或民間服飾樣式爲主所設計的中式、漢風，像是交領、盤扣結鈕扣、滾邊等特徵，多以中國傳說的故事或人物作爲主題，或以民間人民生活的年節景象作爲主題，表現所謂的「中國古典舞」或「中國民俗舞」。其中，民俗舞蹈中衣著多以褲裝或裙襯褲，以穿著中式服飾扮示蓮花、魚兒、月亮等擬人化表現也會看到；特別是受大陸舞蹈的影響，短上衣露肚的樣式經常可見。

另一類則是穿著以中國境內具有少數民族特色的民族服裝形式所設計之服飾和配飾，以擷取少數民族舞蹈動作特色或風俗情景，表現所謂「民族舞蹈」，這類舞蹈也包含了台灣原住民舞蹈。在比賽中最常看到的民族，除了台灣原住民，非原住民的部分以傣族、擺夷、蒙古族、維吾爾族、藏族最常見。至於原住民舞蹈根據服裝分類特性，阿美族、泰雅族是比較常見，近年，排灣族、魯凱族、卑南族、達悟族的舞蹈作品也能看到，服裝色調是明顯的辨識基礎，版型上也有異。

(二)道具

道具亦是中國舞蹈表現的重要特徵。以「鼓」爲道具爲例，

中國民俗舞蹈中像是花鼓舞、腰鼓舞、太平鼓等，均以鼓為道具起舞。

每項道具都有其故事和功能，以太平鼓為例，太平鼓是中國民俗舞蹈中的手持道具，為一種有柄單面鼓，形似蒲扇，以鐵為框，握柄下綴有小鐵環可發出響聲。依據中國舞蹈史的記載，太平鼓主要流行於北方各地，中國明代北京已流傳這種形式的舞蹈。清代宮中在舊曆除夕也擊一段太平鼓以求太平。在中國甘肅、寧夏、陝西等溪北地區流行的太平鼓為一種巫舞，相傳是古時戰爭中，因死了很多人，統治者為了安定人心利用道士擊鼓作舞，以超渡亡魂，但舞蹈時一邊甩著髮辮一邊擊鼓，像是今天仍可見到的韓國民俗舞蹈。中國東北的太平鼓有兩種作用，一是每逢秋收後，擊鼓作樂，屬於娛樂的舞蹈；另一作為祭祖、祈福酬神等儀式活動，具有宗教色彩。

(三)台灣民俗舞

1970年代台灣提倡重視鄉土教育，使得台灣本土素材和原住民舞蹈受到重視，漢族的廟會遊藝，標明客家、閩南特色；台灣原住民舞蹈也從昔日山地舞代稱逐漸區分為標榜各族群特色的舞蹈。

欣 賞

日本《阿波舞》

到過日本觀光者可能看過節慶活動時遊行跳舞的情景，節日活動日語稱為「祭」。「祭」是為了感謝祈禱、慰靈、祭祖的行為儀式，在日本各地都有祭典活動，祀、祭、奉、政的意義，這樣的「祭」活動時節大眾所跳的舞蹈稱為「祭踊」。

「祭踊」舞蹈的目的多以祈禱感謝五穀豐收，形式是以民謠伴奏，由民間傳承至今也都看得到的民間舞蹈。其中，夏季祭祀祖先之靈稱之為「御盆」（盂蘭盆節）；因此夏季祭祀時節跳的舞稱為「盆踊」。

《阿波舞》是日本三大盆舞之一，就舞者數和觀眾數而言是日本第一的盆舞。以阿波國（現在的德島地區）發祥的舞蹈，現在已經擴展到全國各地都跳。雖然實際起源不明確，但一種說法是1585年德島藩成立興建了德島城，在德島城建成完成時，為慶祝建城，因此城主公告城民「照你喜歡的方式跳舞吧！」而開始，文化文正年間（1804-1830年）透過德島商人的運營而盛大。因此，《阿波舞》被說是具有四百年歷史的舞蹈。

舞蹈的伴奏音樂通常以樂手現場以三味線、太鼓、鉦鼓、篠笛演奏二拍子音樂；舞蹈動作同手同腳，右腳動作的同時右手同時動作，手掌手指有比較細微的動作，即右手手掌撐開同時手指從彎到撐直，舞蹈只有一個動作，但拍子速度可以變換，舞蹈時的手部位置與腳部的位置也是變化的，手舉在頭上或放身旁皆可，腳伸直一點或半蹲多一點亦可，

邊跳邊喊「口號」，由於非常簡單，因此無論跳得好或差人人都可跳，也就是說無論是否真能跳出《阿波舞》的韻味，任誰都能一起共舞，正式的舞者著褲裝或浴衣和服，女子戴著折笠，光是樣貌就非常吸引人。簡單而方便融入同樂，是民間舞蹈能夠流傳的重要方式。但以《阿波舞》而言，同手同腳行進對一般人而言不容易保持平衡，手部的細部變化，要跳出其韻味也不容易，現在，每年阿波舞祭時街道可以看到舞蹈列隊，而發祥地德島縣設有阿波會館，定期的表演與教學，也成為文化觀光活動之一。

欣 賞

台北民族舞蹈團作品《民風集》作品簡介

◎作品《一根扁擔》

「年輕男女，在工作之餘，雙人逗趣，翻山、過河，沿路發生的有趣景象。」（編舞／顧哲誠，作曲／盧亮輝）

◎作品《孔雀舞》

「孔雀在中國是一種象徵吉祥富貴的動物，雲南傣族尤其崇拜孔雀，舞者藉此表現孔雀開屏時所展現的優美舞姿。」（編舞／王淑華，作曲／鄭濟民）

◎作品《雅美族飛魚祭》

位於台灣南方蘭嶼的雅美族舞蹈風格獨特，本舞透過雅美人捕獲飛魚豐收的祭儀，以傳統歌舞歡欣同慶。

1.老人與飛魚的對話。

2.船下水典禮。

3.夜晚捕飛魚。

4.慶飛魚豐收婦女以頭髮舞，男子以勇士舞同慶共舞。
（編舞／蔡麗華，作曲／史擷詠）

◎作品《客家調》

「客家婦女生性勤勞，勤儉持家，且擅長歌唱，每於工作之中，歌舞自娛，互相調侃打趣。本舞描述曬穀場農忙的情景。」（編舞／林秀偉，作曲／陳中申）

◎作品《廟會》

台灣迎神廟會民俗藝陣是不可少的主要活動，本舞從建醮謝神的祭儀起始到各式各樣的陣頭隊伍展現，如：祭壇、神將、八家將、婆姐、拍胸舞、宋江陣、車鼓、跳鼓，熱鬧非凡，掀起節慶的高潮。

1.祭壇：祭壇是台灣廟會文化中最重要的祭典儀式之始，目的在向神靈表達祈福謝恩之意。並藉由神秘肅穆的鼓樂，莊敬而隆重地揭開廟會的序幕。

2.神將：神將出巡是廟會遊行的重頭戲，神將仿照神明造型加以放大，由人穿扛其中，形成人神一體的神將，繞境出巡是為了巡視轄區庇佑百姓平安。

3.八家將：守護主神，負責驅邪開道的神。

4.婆姐：婆姐是兒童的保護神，傳說是註生娘娘或陳靖姑的部屬。婆姐出巡有收驚力解厄的神力。

5.拍胸舞：以手拍擊身體各部位，為閩南節慶踩街流行
　　的舞蹈，亦為喜慶遊街之舞。

6.宋江陣：宋江陣為保衛鄉里的武裝自衛隊，演出時各
　　執兵器做各種對打套招。

7.車鼓：是屬於民間歌舞小戲，為農閒男女輿情的雙人
　　舞，男手持四寶，女手持絹扇，互相調情之舞，活潑
　　逗趣。

8.跳鼓：數台灣民間藝陣中武陣的一種，八人一陣，一
　　人撐頭旗，一人擊鼓於胸前，控制全隊節奏，兩人持
　　涼傘，四人擊鑼，動作輕快劇烈，為民間練武、整軍
　　的休閒活動，現為台灣廟會節慶的主要活動。

（摘自台北民族舞蹈團1993年演出節目單）

現代舞蹈

- 現代舞簡介
- 現代舞蹈欣賞

許多學生說自己所跳的舞為現代舞，因為大家活在現代吧！現代是一個時間的名詞，所有不是芭蕾或民族的舞蹈也就可以被歸類於現代舞蹈；時間不斷進程，雖然相對於「傳統」或「古代」的現在這個時代就是現代，但舞蹈史上的「現代舞」其實已經發展許久。本章以現代舞為章節名稱，介紹現代舞蹈的濫觴與知名度甚高列為經典的現代舞。

一、現代舞簡介

(一)歐美

現代（modern）一詞的相對詞就是古代，因此在現在這個時代跳的舞都是現代舞。當現代已經不再現代，前衛、後現代、當代，詮釋舞的這些詞彙仍會不斷地冒出來。

舞蹈史上的現代舞發展背景其實是相對於古典芭蕾，一個已經發展盛行一段時間後的舞蹈樣貌開始有人有意圖改變的思想與行動。各個國家的宮廷或地方發展的舞蹈都有所規範，若找到沒有被規範的舞蹈，或對已經有規範的東西進行改變，就是現代舞。

十九世紀末歐美舞台芭蕾是舞蹈的代表，芭蕾雖然優雅，但踮腳尖、手固定的位置、身體線條直線修長，芭蕾舞的美學訴諸於視覺而少有情緒，種種型態與表現都顯得不甚自然。芭蕾舞在進入二十世紀後在也試圖創新與改變。但有幾位被奉稱為現代舞蹈的先驅們，他們共同追求「自然」，讓舞蹈以追求自在誠懇的方式表達他們的情感。嚴格說來，現代舞擺脫束縛，自由自在，也就沒有絕對的固定型態，像雲門舞集舞團所跳的舞，是台灣一般人對現代舞蹈的認識。

　　這樣的舞怎麼來的呢？首先，是女子體育觀點的影響。古代女子服裝束腹、笨重，跳起舞來自然施展不開，到了二十世紀初，社會經濟崛起、注重身體健康與發展、女性主義抬頭等社會變化的時代，「體育文化運動」的風氣盛行，無論從歐洲到北美，甚至講究西化的日本都盛行著以體操鍛鍊成為女性舞蹈技術的起點，例如，在女子大學開設了美學舞蹈（aesthetic dance）的課程，女性學習音樂性律動舞蹈，鼓勵女子在體育上能多求發展以達到身心健康，除去長久以來束腹女性自然成長的服裝衣著，女性對身體意識的崛起是現代舞蹈發展的重要原因之一。

　　其次，現代舞的形成與肢體表達與訓練有關。在戲劇的訓練法上，有人發揚法國人**德沙特**（Francois Delsarte, 1811-1871）所發展以訓練演員費心研究出的動作與情感訓練體系；動作具備情感的表達概念引人注意；而在音樂教育上，瑞士作曲家**達克羅茲**（Émile Jaques-Dalcroze, 1865-1950）[1]發展一套具有自己教育理念的音樂教學法，強調人是最原始的樂器，學習音樂要從身體律動（eurhythmic）訓練學生對音樂節奏旋律表現的敏感度，音樂的速度、力度、長短、重音等，運用肢體來感應音樂的元素，身體、語言與歌聲將聽覺與身體的反應相結合轉化為唱歌和讀譜的身體反應，強調即興（improvisation）的創作能力。達克羅茲在1910年接受贊助成立學校，二十世紀著名的舞蹈家都曾於達克羅茲學校學習過。這也是為何在舞蹈史上會提到達克羅茲的原因，舞蹈與戲劇、音樂有著密切的關係。德國表現派舞蹈就是現代舞的概念，**魯道夫・拉邦**[2]到巴黎學美術時迷上了舞蹈，1910年在瑞士教舞。由於曾親自受教於達克羅茲，所以也發展出如同音樂和聲的群體動作合唱

---

[1]達克羅茲（Émile Jaques-Dalcroze, 1865-1950），參照第三章。
[2]魯道夫・拉邦（Rudolf Laban, 1879-1958），參照第三章。

（movement choir），即舞者即興訓練地配合音樂發展自己的動作與舞蹈，類似達克羅茲的音樂視覺化觀念。他發展出一套觀察動作質感的方法，其最著名的研究就是舞譜及動作分析。

伊莎朵拉・鄧肯[3]被稱為是「現代舞蹈之母」，雖然是美國人，但揚名於歐洲。由於她唾棄芭蕾，認為芭蕾是醜陋而毫無意義的舞蹈，芭蕾的動作讓身體與心靈分離；而她的舞蹈單純的把一個自然人最美好的部分當作奇蹟，將運動源於「太陽神經叢」，以選擇巴哈、蕭邦等古典大師的音樂作品來搭配他從心靈出發的舞蹈，追尋古希臘美術作品的樣貌，從身體中心身體軀幹表現動作、赤腳、散髮、穿白色薄紗的女神造型，以簡單的跑、跳動作來演出她流暢且具戲劇性的舞蹈演出。她在其自傳《我的生命》（*My Life*）提及自然的動作是舞蹈最佳的方式，抒情的、雄偉的，灌輸她善與美的人生觀。

洛依・富勒[4]是美國女演員和舞蹈家，她在舞蹈上開發自己的自然運動與即興創作技巧，運用舞台燈光以服裝布料的擺動形成視覺上的效果，然後更以照明設備照射她所設計的半透明絲綢如同大裙襬的服裝更增加了視覺上的美感，1891年他創造了**蛇行舞蹈**（Serpentine Dance），還曾經欲申請專利，不過由於當時戲劇性的表演才能被保護的時代，因此，一度因為這種蛇行舞蹈並沒有故事性而受到專利申請的否決。無論如何，這樣特殊的舞台效果演出，仍曾讓歐洲觀眾為她著迷。此外，她支助其他的舞蹈表演，包

---

[3]伊莎朵拉・鄧肯（Angela Isadora Duncan, 1877 -1927），出生於美國，享譽歐洲的舞者。她強調自然運動，受希臘形式啟發並將情感與動作連結，使舞蹈恢復為高級的藝術形式而非娛樂，其哲學觀和舞蹈技巧，獲得現代舞創作者稱號。

[4]洛依・富勒（Loie Fuller, 1862-1928），美國籍舞蹈家，兒時具戲劇雜耍等表演經驗，成年後致力於燈光、服裝效果性的舞蹈表演。

括伊莎朵拉・鄧肯的演出。

　　法國電影《狂舞摯愛》（*La Danseuse*）以十九世紀末現代舞先驅洛依・富勒和鄧肯時代的故事爲主題，在劇中有呈現洛依・富勒的裙子配上燈光的樣貌。

　　露絲・聖・丹妮絲[5]亦爲美國舞蹈先驅，舞蹈是一種性靈藝術，將東方思想引入藝術，醫學院畢業生，關注女性健康的問題，後來也投入民間流行精神治療的方法，小時候她學過德沙特體操、聲音、姿勢的訓練。1904年，她在參加巡演時看到一張埃及女神像的香菸海報，1906年完成她對東方感興趣的舞蹈表演，雖然聖・丹尼絲的舞蹈不具備文化的準確性與眞實性，但西方人對東方的感知，她的表現猶如印度文化神話的翻譯，研究東方以女神形象傳達的神祕主義。無論如何她認爲舞蹈是一種表達，沉浸於東方哲學之中，對當時觀衆帶來極大的娛樂性。

　　泰德・肖恩[6]曾與聖・丹妮絲結婚，他在和聖・丹妮絲結婚後設立舞蹈學校，提供非娛樂型態的舞蹈課程，是美國當時正式學習舞蹈的學校，由於課程多樣，美國舞蹈的幾位重要人物都在此學校學過舞蹈，其中最著名的學生就是瑪莎・葛蘭姆。

　　台灣舞蹈界最熟知西洋現代舞蹈人物就是**瑪莎・葛蘭姆**[7]，因爲台灣現代舞蹈的教育工作者林懷民、游好彥等人都曾於瑪莎・葛蘭姆舞團習舞。瑪莎・葛蘭姆受神經醫學醫師父親「動作是不會撒謊的」之提示，她領悟到一個人的動作和內心情感息息相關，葛蘭

---

[5]露絲・聖・丹妮絲（Ruth St. Denis, 1879-1968），出生於美國，是現代舞早期發起人之一，致力於異國東方神祕的舞蹈風格。

[6]泰德・肖恩（Ted Shawn, 1891-1972），亦翻譯泰德・蕭恩，被稱爲美國舞蹈之父，能擔任演員、編導、舞團管理者，後與妻聖・丹妮絲分道揚鑣，投入以男性舞蹈家爲主的男子舞蹈工作。

[7]瑪莎・葛蘭姆（Martha Graham, 1894-1991），美國人，舞蹈家、編舞家，現代舞發展重要人物。

姆後來的動作體系發展與情感密不可分，她的動作強調呼吸，吸氣身體舒張，呼氣則身體收縮，收縮、伸張與扭轉的身體動作讓身體能表達更多更豐富強烈的含意，還強化了呼吸的動力，將吐氣時腹部收縮編成突然的衝動，創作了非常多的舞蹈，揚棄甜美飄逸的風格，當時對舞蹈來說是創新的做法，揚棄芭蕾還要排斥丹妮·肖恩的舞蹈語言。瑪莎·葛蘭姆的名號響譽國際，直至今日台灣出身的舞者若能成爲瑪莎·葛蘭姆舞團正式團員[8]都備受社會矚目與尊崇。

> 瑪莎·葛蘭姆說：我不想當一棵樹，一朵花，或一陣浪潮。觀眾應該能由一個舞者的身體看到自己；不是模仿日常生活的動作，不是自然界某種的景觀，不是來自星球的怪物，而是一種奇蹟——一個有動機、有修養，聚精會神的人類（林懷民，1993）。

總而言之，總有一群追求改變與突破的先驅企圖打破既定的規範，芭蕾是人體美和體能技的理想化，人類的奇蹟似發揮人體的潛能來控制自然的力量，現代舞不一定需要華美的服裝，不一定要有優雅的手部動作來增加畫面的美感，但現代舞站在想走變化的另一端，是思想、舞蹈、傳達方式與解析詮釋自我意識的藝術。

---

[8]台灣正式成爲瑪莎·葛蘭姆舞團的成員許芳宜（1971-），國立台北藝術學院出身，曾加入瑪莎·葛蘭姆舞團，並成爲首席舞者，曾獲2007年國家文藝獎，是歷年來最年輕的得主；另簡珮如（1984-）小時於桃園知名的簡子愛舞蹈社學舞，後進入國立台北藝術大學七年一貫制舞蹈系畢業，之後赴美進入瑪莎·葛蘭姆舞團，並成爲首席舞者，2019年榮獲第57屆十大傑出青年。

(二)日本到台灣

　　台灣人對於日本現代舞發展重要的人物**石井漠**[9]也不陌生。台灣的現代舞可以從兩個方向來說明引入的路徑。

　　1895年日本高等女校的規程訂定女子體操是必修課，從1901年高等女校校令實施規則來看，體操使身體各部均衡發展、四肢動作機敏、精神快活，與男子的課程比較起來，屬於遊戲著重容儀。舞蹈家石井漠是1911年帝國劇場歌劇部的西洋劇部第一期學生，接受芭蕾的基礎訓練，當時他對芭蕾的訓練感到存疑，研究舞蹈詩，1916年發表了《日記的一頁》、《故事》，1922年到1925年在歐美巡演受到好評，石井漠致力於設立舞蹈學校與舞蹈團組織化，1928年於東京自由之丘創設石井漠舞蹈研究所，1938年創設石井漠舞蹈學校，同年將舞蹈學校更名為「石井漠舞蹈體育學校」，以日本現代舞蹈先驅的姿態對日本舞蹈的普及與確立而努力，培養了不少舞蹈家，最為人知的著名舞者就是朝鮮女性舞蹈家**崔承喜**[10]。

　　台灣現代舞蹈風潮原受日本影響，1930年代日本現代舞蹈家石井漠來台，開啟了台灣人與近代舞蹈風格的接觸；另一方面，受到日本新教育下成長的第一代台灣人，在美育教育課程中，特別是遊藝課及律動教學上，接受了身體韻律、創作舞蹈的觀念。台灣著名的舞蹈家蔡瑞月及李彩娥都曾經為石井漠舞團的學生，不過由於國民政府剛來台灣提倡中華民族舞蹈，即使是現代舞，也都冠上了「中國現代舞」，在表現手法上思想的傳遞恐遠大於在動作上的表

---

[9]石井漠（1886-1962）生於日本明治時代20年，歿於昭和37年，為舞蹈家，是日本現代舞蹈先驅，著名的代表作《明暗》、《登山》、《人間釋迦》等。

[10]崔承喜（1911-1969），朝鮮籍女性舞蹈家，第二次世界大戰前及戰中時代活躍的舞蹈家，朝鮮現代舞蹈先驅。

達。1946年蔡瑞月[11]先後邀請了美國現代舞蹈家及旅美舞蹈家在開設的舞蹈社內授課並舉辦現代舞研習會，之後引發台灣舞蹈學子出國研習現代舞的風氣，這是引起後來台灣現代舞真正發展的開端。

1970年代台灣政策重心由備戰的國防建設轉向投注經濟發展，台灣退出聯合國帶動愛國青年回國潮，林懷民（1947-）、游好彥回國任教，恰逢承接台灣民族舞蹈教育、大專舞蹈專攻教育所培育出一群舞蹈基本功底子極佳的人才，再加上台灣經濟發展後也展開文化發展政策，天時地利等因素造就了台灣現代舞蹈快速蓬勃發展，並躍上國際舞台。

林懷民於1973年創辦雲門舞集，被稱為台灣第一個現代舞蹈團。1975年，雲門舞集發表《許仙》（《白蛇傳》）以中華傳統文化風格引起注目，1967年由**林秀偉**[12]編創，採用**李泰祥**[13]的鄉土組曲音樂《馬車夫之戀》，中華文化與台灣的意象能受到觀眾接受與時局政策的肯定；1978年發表《薪傳》描述先祖從中國大陸移民到台灣艱辛到歡慶繁榮安定的半劇性舞蹈作品，雲門舞集舞團介紹文寫到「中國人作曲，中國人編舞，中國人跳給中國人看」，本來這樣具有中華文化精神的舞蹈就很受到當時時代人民的接受，又適逢首演美國宣布與台灣中華民國斷交，讓雲門舞集更推向成功，林懷民成為台灣現代舞舞蹈界最知名且不可動搖的有力影響者。1980年代台灣倡導本土化，1986年林懷民以《我的鄉愁我的歌》發表，雲門舞集仍定位於台灣現代舞團的翹楚。

---

[11] 蔡瑞月（1921-2005），台南人，被稱為現代舞在台灣的創始者之一，十六歲時赴日師事石井漠，於國民政府推廣民族舞蹈期間，也曾投入民族舞蹈編創工作，經歷白色恐怖入獄，其經歷有其波瀾一身的故事性。

[12] 林秀偉自幼習舞，曾加入雲門舞集，當代傳奇劇場行政總監，創太古踏舞團。

[13] 李泰祥（1941-2014），台灣知名音樂家，台灣藝術專科學校畢業，致力於古典音樂通俗化，中國民歌現代編曲，創作流行歌曲，曾與雲門舞集合作。

「人與人的交往常常改變了命運的途轍。舞蹈中的人性成份，以及我所遇到的舞者，使我從一個「寫小說的人」變成「跳舞的人」。只要對生命依然懷抱熱情，只要大家依然共同工作，我知道我們還要跳舞下去。從呼吸出發，透過表演，與觀眾乎通聲息。」（林懷民，1993）

和林懷民同時期亦於台灣發展現代舞者有游好彥[14]，他十幾歲開始學習芭蕾，後赴西班牙皇家藝術學院學習芭蕾，是台灣第一位進入瑪莎‧葛蘭姆舞團者，曾任教於中國文化大學舞蹈系，亦開辦過舞蹈社與舞團，為台灣現代舞培育出多位優秀舞者，作品《魚玄機》與《屈原傳》是知名的作品，游好彥後則前往中國大陸發展。

1982年國立藝術學院設立，1983年舞蹈系成立，林懷民成為第一位系主任，研究所所長，台灣現代舞又走向學院派的學校教育；國立藝術學院後更名為台北藝術大學，培育了不少現代舞蹈藝術人才。

二、現代舞蹈欣賞

(一)艾文‧艾利

美國是一個靠移民組成建立的國家，十七、十八世紀為了開發領土，從非洲被賣至美國的黑奴非常多。非洲文化及特有的身體動能帶來和印第安人與歐亞移民者不同的氣象，踢踏舞與爵士舞憑藉著這種文化的組合成為美國的文化。

---

[14]游好彥（1941-　），現代舞蹈工作者及編舞者，新北市出生，師事蔡瑞月，曾赴國外習舞，曾加入瑪莎‧葛蘭姆舞團。

艾文‧艾利舞蹈團被譽為最佳黑人現代舞蹈團，將非洲的原始、美國現代與爵士舞蹈以及和歐洲的學院派芭蕾完美融合，無論是靈歌、布魯斯、美國黑人的律動都可以在艾文‧艾利舞團作品中看到。

艾文‧艾利[15]在1953年承接其師的舞團，由於自己擁有黑人血統，故關心如何讓黑人編舞家及黑人舞者在舞台上展現才華。艾文‧艾利舞團之舞團成員多為黑人，少數白人及亞裔舞者，以演出黑人編舞家作品聞名。

艾利的作品故事性強，代表作《啟示錄》（Revelations）搭配黑人聖歌與民歌，以強而有力的動作表現黑人早期奴隸時期的奮鬥史，被譽為二十世紀十大舞蹈經典第一名。

(二)雲門舞集

雲門舞集由林懷民創立，林懷民政治大學新聞系畢業，頗為擅長文字工作，對於現代舞蹈的介紹、台灣人劇場欣賞舞蹈時的禮貌皆大力宣導頗有貢獻。他成立的雲門舞集其初期作品，標榜以「中國人寫曲子、中國人編舞、中國人跳給中國人看」，像《紅樓夢》、《白蛇傳》等作品光聽名稱就具有中國特色，由於台灣舞者多是中國舞蹈與芭蕾現代基本功夫並重的身體表現力，即便是雲門後來的作品像是《行草》等，在台灣的現代舞者身上一直能很容易看到這些身體的影子，雲門的舞蹈往往動作中融合中國舞基礎武功身段，成為有別於外國風格的舞作。雲門舞集幾度解散但算是在台灣知名度最高、演出票房狀況最佳的舞蹈團。

---

[15]艾文‧艾利（Alvin Ailey, 1931-1989），出生於美國德州，幼年參加教會主日學經驗成為作品《啟示錄》的創作靈感來源，1958年創立的艾文‧艾利舞蹈團在美國首演，把黑人與白人的舞蹈融合成一個傑出的明暗對比，獨特的風格贏得國際舞壇一致的尊崇。

　　《薪傳》是雲門舞集最具重量的代表作，舞者著客家藍衫，動作也採以武功身段的基本動作，還使用了中國舞蹈巾舞的道具與表現，本欲表達漢人先祖從唐山到台灣的發展史詩，分為序幕、唐山、渡海、拓荒、野地的祝福、死亡與新生、耕種與豐收、節慶等段落，以陳達的〈思想起〉之歌貫連每個段落，首演選擇於嘉義便是為了紀念漢人在台灣建立基業，戰後台灣一直心中貫於仰賴美國大國的支持，而這齣作品首演竟適逢美國宣布「中美斷交」，這個插曲更是讓觀眾激昂也帶來作品賦予的歷史與文化意義。《薪傳》赴世界各地演出皆獲得熱烈的支持，表現「歷史之眞、民族之義、鄉土邦國之憂」，其氣勢至今——歷久彌新。

(三)碧娜・鮑許

　　享譽國際的**碧娜・鮑許**[16]為德國現代編舞家，率領「烏帕塔舞蹈劇場」曾經來台演出過數次，坊間也販售有關以介紹她為名的圖書和紀錄片，因此在台灣也有不少人聽過碧娜・鮑許這個名字。

　　鮑許曾經赴美進修兩年，1972年她接下烏帕塔芭蕾舞團藝術總監一職；1973年擔任德國福克旺學校舞蹈系主任；她將烏帕塔芭蕾舞團改名「烏帕塔舞蹈劇場」，融合舞蹈與劇場元素，舞者可以說話和唱歌，但舞蹈的基礎依然得見。她的作品則讓觀者感受到非手舞足蹈純粹肢體舞蹈的美感設計與藝術性，人性探討的哲學層次。鮑許被認為以舞蹈敘述人的故事，事件和議題的表述，她的舞蹈不需要賞心悅目，屬於「內心戲」，例如，在網路照片看得到她的作品《康乃馨》，舞台上有數不清的粉與紅的康乃馨，源於她在南美

---

[16]碧娜・鮑許（Pina Bausch, 1940-2009），德國人，十五歲進入以音樂舞蹈文明的學校習舞。後獲政府獎學金前往紐約深造，1968年完成第一齣舞作，著名的作品有《春之祭》、《穆勒咖啡館》等。

巡演時在康乃馨花海的山谷中獲得的靈感，雖然是在如此美麗的視覺情境，但其實表達的是民眾遭受公權力刁難的嚴肅題材；編舞在動作上不斷重複是她的獨特風格。她最有名的一句話：「我在乎的是人為何而動，而不是如何動。」1978年首演的《穆勒咖啡館》是她最精采的作品。

看電影看舞蹈

- 歌舞老片
- 流行舞電影
- 國際標準舞
- 黃梅調電影

很多人對舞蹈其實感到陌生，卻往往能從電影電視的欣賞過程中，感染到舞蹈所帶來的感動與快感。有些學生看舞蹈不是進劇場，而是在電影、音樂影片、YouTube的平台上看到舞蹈的「實境」。拍攝出來的影片確實能起很大的作用，比起現場跳舞，加入了劇情、場景切換、鏡頭運用、剪接就讓影片中所呈現的舞蹈更有效果，也讓一般欣賞者更能學到舞蹈與接受舞蹈。本章從看電影來看舞蹈的角度談談電影片中所得見的舞蹈類型，以在台灣院線或坊間有販售之影片為例，這些影片現在也可以在網路上查詢搜索得到，就讓我們從電影欣賞中更認識舞蹈！

一、歌舞老片

歌舞電影顧名思義是在電影影片中能看到演員又唱又跳，由於劇情的貫穿引導，讓跳舞唱歌也跟著能帶動劇情與觀賞者的情緒。歌舞老片是有歌有舞表現的電影，由於這些電影已經有些歷史了，稱為老片。歌舞老片的電影興起於1930及1940年代，當時科技尚未足夠發達，剪接、套用、拍攝技法都還有所限制，因此戲劇故事與歌舞片段由瞭解自己潛力的演員為觀眾直接表演歌與舞，1950年代初這樣的電影製片其內容或舞蹈技術已經算是達到相當的藝術及文化水準了。

從歌舞劇的「外觀」上可以看出歌舞片受到雜耍、劇場及小型音樂廳傳統影響，形式多以歌舞喜劇呈現。若追溯歌舞老片的起源則與紐約舞台音樂劇及劇場有密切的發展關係，歌舞表演劇在百老匯劇場興盛，但之後無法與好萊塢大資本高薪水及強大的發行系統對抗，使至1930年代音樂劇與劇場的發行轉入電影成為歌舞片。

《錦城春色》（*On The Town*, 1949）是以1944年百老匯創作的同名音樂劇拍攝成電影，以三個水手兵逛紐約為題材，港口、在博

物館、看到海報的聯想、與邂逅的人共舞等,成為不同題材的舞蹈片斷。《花都舞影》(*An American In Paris*, 1951)評選為二十世紀美國百大名片之一,獲得奧斯卡金像獎最佳影片、最佳攝影、最佳美術設計、最佳服裝設計、最佳原著劇本、最佳配樂等六項獎,以花都巴黎為背景,本來就已增添幾分浪漫氣息,男女主角的相戀相識用舞蹈來表現。《萬花嬉春》(*Singin' in the Rain*, 1952)被公認為史上最偉大歌舞片之一,最著名的是男主角在雨中獨唱獨舞的經典片段,現在在電視廣告上還可以聽到這首老歌,此部片展現好萊塢影壇從無聲到有聲的過渡階段。《西城故事》(*West Side Story*, 1961)改編莎士比亞戲劇《羅密歐與茱麗葉》,將場景義大利轉至美國紐約曼哈頓的現代版愛情故事,換言之,是新羅密歐與茱麗葉,相愛少男少女處於敵對的流氓幫派團體中,幫派對抗群舞場面處理,猶如現在熱舞片中的尬舞,該片1962年獲得奧斯卡金像獎最佳影片。

　　1960年代上映以音樂為主的《真善美》(*The Sound of Music*, 1963)改編自《崔普家庭合唱團》的戲劇作品,電影劇情描述阿爾卑斯山上修道院的修女到一個失去女主人家庭子女成員眾多的家庭,而男主人為軍人,於妻子過世後便以軍事方式管教孩子們,孩子們的學習沒有遊戲玩耍、沒有歌唱,只有紀律,女主角到此氣氛非常嚴肅的家庭擔任家教後,讓這個家庭再度充滿歡笑的故事,女主角猶如教師母親幫孩子們製作遊戲服,帶孩子們去郊遊,教孩子們認識Do-Re-Mi音高、教孩子如何唱歌、遊戲、爬樹、玩水等,是極具教育寓意的電影,該片內的諸多歌曲,如〈Do-Re-Mi〉、〈孤獨的牧羊人〉、〈小白花〉、〈My Favorite Things〉傳唱至世界各地,亦有中文版本的歌曲,直至現在也有許多樂團會改編演奏這些音樂;片中小步舞曲、孩子們睡前對宴會賓客道晚安的唱歌律動式舞蹈表演,直至今日再看都不覺得劇情老舊。

　　歌舞電影很容易受到觀眾喜愛，歌舞老片的舞蹈以現代舞、芭蕾舞、爵士舞與踢踏舞等舞蹈方式為多，因為配上唱歌或唱遊律動，演員唱唱跳跳配合劇情進行的歌舞電影。但到了1970年代，迪斯可興起，是現在年輕人所謂的熱舞。迪斯可電影亦曾流行，但演員不需要唱歌，舞蹈像是客串角色，配合製作的電影音樂或歌曲，歌與舞或音樂與舞同時出現。

　　2000年後每幾年出現一部歌舞電影拍攝，或許算是歌舞電影的「文藝復興」。知名的影片包括《芝加哥》（*Chicago*, 2002），描述1920年代芝加哥爵士舞廳是爵士、歌舞、犯罪、狂歡縱歌、男歡女愛。現在年輕人仍有記憶的迪士尼頻道電視電影《歌舞青春》（*High School Musical*），《歌舞青春》共有三集，前兩集2006年、2007年發行，片中有歌有舞，籃球場的籃球舞、校園才藝選才競賽出現的舞蹈表演、俱樂部內游泳池為場景的夏日風情舞蹈、棒球場的棒球舞、俱樂部晚會表演舞蹈各種舞蹈題材，畫面與音樂都能讓青少年喜歡，甚至台灣也販售《歌舞青春》的學生英文讀物；第三集《歌舞青春3：畢業季》則上電影院大螢幕播放，學生畢業演出的舞蹈表演，成為「現代」版的歌舞片。融入童話故事的《曼哈頓奇緣》（*Enchanted*, 2007）是結合卡通、歌舞片段的電影，女主角告訴男主角要用唱歌表達愛情，有一段在戶外廣場歡樂的大型舞蹈畫面。

　　近年所拍的《樂來越愛你》（*La La Land*, 2016）亦有歌有舞，雙人舞、爵士音樂的呈現。多數歌舞片中出現的舞蹈是被稱為爵士舞（Jazz Dance）的舞蹈類型。爵士舞是一種泛稱，一種舞蹈風格，爵士舞起源可以追朔至十七世紀非洲儀式和慶祝的舞蹈，但實際上是美國文化，以非洲裔美國本土所發展出來需要特別技巧的舞蹈。雖說爵士舞和音樂很有關係，但和爵士樂（Jazz）的關係卻不密切，爵士舞一開始是極具備節奏意識狂熱的伴侶舞，二十世紀九

○年代有些大學體育課開設爵士舞課程，但使用的音樂卻少用爵士樂，在乎的是節奏性，有一身體動作上的特徵，包括身體上胸部動作，擺姿勢時一腳膝部內拐腳跟離地等；後來有些爵士舞也放入一些芭蕾舞的要素；這類舞蹈風格常出現在夜總會、百老匯音樂劇與電影，結合歌舞、雜耍等表演情境。

二、流行舞電影

　　舞蹈也有流行，舞步與樣貌都會改變，1950年代流行搖滾樂，1970年代晚期「迪斯可」舞蹈風迷全球讓歌舞電影再次掀起旋風，電影舞蹈與流行次文化互為因果，電影中迪斯可、有氧舞蹈、霹靂舞、油脂青年打扮，偶像崇拜，展現年輕人的衝力與動力，也讓電影帶動流行。

　　在1960年代到1980年代，流行舞蹈電影的劇情總是青年人對規範的反動、舞廳夜生活等，舞蹈在電影中就是呈現甩頭擺臀發洩，展現從受限環境中突破困境的重要表達方式，《週末夜狂熱》（*Saturday Night Fever*, 1977）造就當時所謂的流行舞蹈潮流和新超級巨星約翰屈伏塔，繼而起之的《火爆浪子》（*Grease*, 1978）、《名揚四海》（*Fame*, 1980）、《油脂小子》（1982）、《渾身是勁》（*Footloose*, 1984）、《閃舞》（*Flashdance*, 1983）、《熱舞十七》（*Dirty Dancing*, 1987）。這時的電影以主角會跳舞愛舞為主。此時的歌舞片中的歌指的是美國有線音樂電視網（Music Television, MTV）以播放音樂錄影帶為營業項目，後卻造成音樂錄影帶文化的流行，原本電影科技的運用、影像的剪接技術雖原是為了行銷唱片而產生，但MTV的流行卻反過來影響電影。

　　迪斯可流行的時間很短暫，1980年代初期就已經衰退，它源於美國城市夜生活的次文化，真正起源於非裔美國人和拉丁裔美國

人，初期在紐約市，以反傳統文化對當時所流行的搖滾音樂的排斥，迪斯可原本指音樂，是電子合成搖滾音樂，主吉他在迪斯可舞曲中使用低頻率的搖滾樂，即電子舞曲。但配合迪斯可音樂在影視中放映，讓迪斯可成為一種舞蹈，迪斯可開發了Bump和Hustle的舞蹈。

街舞（street dance）顧名思義是在馬路邊、廣場上就可以看到的舞蹈，其實是一種泛稱，舞蹈的型態不只一個樣貌。街舞源於美國，其發展緊接於迪斯可之後，是美國舞蹈從舞廳夜生活的自由舞蹈普及到日常路邊，但街舞是黑人文化為開端，1980年代黑人青年文化中發展出來，與說唱的嘻哈音樂息息相關，因此是嘻哈文化的組成。1990年代出現HIP-HOP，沒有大幅度動作和腳步移動，注重身體上半身律動加上頭部與手部動作。其實在迪斯可與街舞之間還發展出一種舞蹈，稱之為**霹靂舞**（breaking），一開始有些炫技，單手支撐身體可以倒立或用頭頂地身體還能旋轉，後來發展出電流（wave）的新風格。這些舞蹈被視為由美國黑人發洩情緒的運動、休閒所衍生出來的文化，能與次文化、黑人社會、街舞等詞彙聯想，後來出現所謂的尬舞，像是進行形式上的鬥爭；還有Flex街舞流派，其中Flexing又稱為Bone Breaking，像是骨頭能拆解分開一般，總而言之，舞蹈形式自由，人人可跳，在大眾社會中各式各樣型態會形成或產生時期性的流行。

流行舞蹈電影劇情

　　流行舞蹈的電影劇情大致相似，最常出現的就是為了比賽而練舞、結隊，中間產生爭執，競賽、大團結、獲勝的過程。當然，在這樣的過程中，能看到不少的舞蹈場面。

　　《熱力四射》（*You Got Served*）以嘻哈、街舞文化的

蹈，一對好友欲成立工作室但必須先於大賽脫穎而出的故事。

《唯舞獨尊》（*Make It Happen*）敘述愛跳舞女孩參加舞蹈學院甄選淘汰，進入夜店工作，在夜店跳舞成為台柱，但後仍決定再次參加音樂舞蹈學院甄選。

《熱舞十七之最後一支舞》（*One Last Dance*），在電影中出現的是現代舞，以紐約舞蹈團為背景，描述三位已離開舞團各自發展的舞者，重新結合完成已故藝術指導所留下的遺作。

三、國際標準舞

2000年代，《熱舞十七》似乎成爲舞蹈電影的代名詞，以此爲名的電影有《熱舞十七之最後一支舞》（2003），以現代舞蹈爲主題；《熱舞十七2：情迷哈瓦那》（*Dirty Dancing: Havana Nights*, 2004），以拉丁舞蹈爲題材。《來跳舞吧！》（*Shall We Dance?*, 2004）以社交舞蹈爲題材，以1996年日本所拍攝的同名電影改拍。這些電影均以舞蹈爲題材，而且是以社交舞蹈爲題材。「以舞會友」是大多舞蹈具備的社交功能，但一般所謂社交舞蹈，是指出現在社交場合或是以社交爲目的的舞蹈，狹隘的定義是指雙人搭伴的舞蹈。

1996年日本電影《Shall We ダンス？》（《來跳舞吧》）；2004年美國再拍《Shall We Dance?》（中文翻譯片名爲《來跳舞吧》），劇情描述對生活沒什麼不滿的中年男子後來去學習舞蹈的

歷程與感受，原本不是為了習舞而學舞，但後來卻是為了跳舞而跳舞，片中也探討習舞性別歧視的議題，也有人因為愛舞可以為了做舞服學舞而努力賺錢工作，期望有一天能在舞台上展現自我，這部片劇中的習舞者雖是中年男女，故事中家庭、親子、培養自我嗜好，為了興趣而付出努力的梗，即便是大學生欣賞這部影片也非常能接受，特別是劇中出現了國際標準舞類型有好幾種，也有出現歌舞老片的畫面。

　　社交舞（social dance）指近世紀以來發展出來需要伴侶的舞蹈。十六世紀晚期法國文藝復興時期社交舞蹈的研究、1650年農村舞蹈小步舞曲引入巴黎，在法皇路易十四的宮廷裡，小步舞曲是舞廳的舞蹈，這樣的宮廷社交方式的舞蹈一直到十八世紀結束是社交舞蹈發展的脈絡。在社交聚會中進行的舞蹈隨著社會的價值而改變，英國的舞蹈協會組織將各類舞蹈彙整為標準教材，成為國際標準舞。英國皇家舞蹈教師協會（ISTD）及英國國際舞蹈教師協會（IDTA）彙整歐美諸國所常見的各式各樣舞蹈，而這些舞蹈成為英國形式社交舞蹈，也成為各國開班授課及舞蹈教學與學習的舞蹈形式，因此便是所謂**國際類型**（International style）的舞蹈。

　　而以德國為首的純業餘之國際舞蹈組織「國際運動舞蹈總會」（International Dance Sport Federation, IDSF）也在規則、評審方式、比賽服裝等等更改修正求得國際奧委會認可，1997年9月4日國際奧林匹克委員會正式承認舞蹈運動（Dance Sport）為該會正式運動項目之一，為此世界各國之舞蹈團體可藉由政府機關有關單位的協助倡導國際標準舞蹈，因此現在運動舞蹈所指的舞蹈類型就是指國際標準舞。

　　在社交聚會中進行的舞蹈隨著社會的價值而改變，十六世紀下半葉由於路易十四請專家制定了舞蹈的腳步基本位置，芭蕾一樣雙人舞蹈同時在皇家發展，但芭蕾是專業舞者走向舞台的發展，十九

世紀末，美國人不喜歡祖父母時代的宮廷舞蹈，舞蹈配合了二十世紀五〇年代搖滾樂，舞蹈基於音樂律動和身體自然的搖擺，還有搖擺舞的出現。

國際標準舞競賽

目前國際標準舞競賽項目中常見的幾類舞蹈項目，這些舞蹈多源於歐美及拉丁美洲在社交場合之社交活動與表演之用。由於各國所跳的舞蹈在形態上有所不同，故依音樂的類型來分類。換言之，「國際標準舞」比「社交舞」強調表演與競技，類型很多，這些舞蹈在英國本地通稱Ballroom Dance，主要是因為舞蹈競賽多在較寬廣的場地比賽，另按舞蹈風格歸類成摩登舞（Modern Dance）及拉丁舞兩大類，目前「國際標準舞」的英文亦通常以Ballroom Dance示之。

(一)摩登舞

◆華爾滋

今日的「華爾滋」有兩種，一是被稱爲快華爾滋的維也納華爾滋，二是俗稱慢華爾滋的英式華爾滋。英式華爾滋（Waltz）源於十七世紀歐洲務農者農閒時所跳的休閒舞蹈。將快華爾滋音樂放慢予以改變的是美國人，稱之爲「波士頓舞」。約在1870年代，波士頓舞傳到英國倫敦，並在名爲「波士頓」的夜總會裡流傳開來，而波士頓舞當時是以交換舞伴式的舞蹈方式，後來於1910年代開始，英國人逐漸地改變了美式的跳法與方式，交換舞伴改爲雙人固定，起跳方式定爲面向舞程線之直線前進方式（有如快華爾滋之移動路

線）。目前，台灣社交華爾滋舞的基本方型步「方塊華爾滋」是移植於美式華爾滋。

◆探戈

探戈（Tango）雖源自於拉丁美洲，但在國際標準舞的競賽中探戈卻不列在拉丁舞項目中，而是屬摩登舞系的舞蹈比賽項目，據說原因是早期比賽時摩登舞系的舞蹈類型較少，而拉丁舞項目較多，為求摩登舞的數量上與拉丁舞相近，故以握持相類似的探戈加入摩登舞系。

「探戈」對阿根廷人而言，是文化的代表，而不僅僅是休閒活動的舞蹈而已。阿根廷探戈獨特的貼臉靠肩握持，舞步中男女四腿的糾纏環繞。不過，在國民性較為保守的英國人眼中，阿根廷探戈並不被接受而頗感排斥。1900年代，英國倫敦認定阿根廷探戈是社交舞蹈的一種，後將其教材制式化，這使得國際標準舞轉變為「英式探戈」，成為大眾所接受的「探戈」。韓戰至越戰期間，駐台美軍引進美式探戈，經由台灣舞者之自創與變化，台灣人會用鄧麗君的〈何日君再來〉音樂跳探戈，就可以知道台灣人們所跳的探戈中感受不到阿根廷探戈的浪漫熱情，也沒有什麼重拍。

(二)拉丁舞

◆恰恰恰

恰恰恰（Cha Cha Cha）起源有幾種說法，三〇年代由曼波舞及美式拉丁舞演變而成：1950年代於美國的舞廳中出現，其出現是緊跟在曼波舞之後。恰恰恰很普遍，初學拉丁舞者經常會先學此種舞步，可能舞風較俏皮與活潑因此跳起來比較有趣，跳恰恰恰時不需要大幅度的移動，使用空間不需要太大，加上臀部的動作不如森

巴舞強烈，一般初學舞者比較容易接受，也不會感覺太難，使用的音樂是四十四拍，速度約一分鐘三十二至三十四小節，舞者在舞步當中強調腿部和腳部與身體線條的搭配性，但舞步結構的編排不可過多長距離的移動，並在組合舞步中包含與觀眾直接面對面舞蹈的舞步，而每個動作與節拍的配合相當重要。

◆鬥牛舞

鬥牛舞（Paso Doble）是源於西班牙鬥牛活動文化。基於將國際標準舞競技化，使得鬥牛舞中男性表現鬥牛士，女性象徵鬥牛斗篷，其舞蹈表演風格更有可看性，強調節奏性與氣勢。

◆倫巴

傳說倫巴（Rumba）的起源來自於美國黑奴腳被銬上了鐵鍊被限制了腳的行動，因此倫巴舞被稱為愛之舞，其特性就是輕扭臀部，輕柔浪漫，腳步有些拖在地面上無大幅的移動動作。

四、黃梅調電影

若問有沒有屬於中華民族傳統風格的歌舞電影，或許黃梅調電影可以稱之。但黃梅調算是音樂曲調，黃梅調電影算是戲劇演出，演員需要的舞蹈演技功夫是「身段」。黃梅調源於江西、湖北、安徽交界處的黃梅山區，原是採茶小調，固定旋律曲調可替換歌詞，因此可以演劇。

黃梅調電影於1950、1960年代盛行，融合黃梅調唱腔、音樂、古典服裝和演員必須配合中國舞蹈身段動作演出所拍攝的電影。黃梅調音樂由旋律調性聽來就是中國音樂，中國傳說故事《梁山伯與祝英台》或小說《紅樓夢》等題材，都曾被拍成黃梅調電影，也曾

再被翻拍。拍攝黃梅調電影之演員需要配合音樂與電影劇情的時代背景，修飾訓練中華民族傳統戲劇的動作之身段，1959年電影《江山美人》片中「天女散花」、「扮皇帝」、「戲鳳」女主角林黛，以及1963年《梁山伯與祝英台》女演員樂蒂的身段都頗為優美，在《梁山伯與祝英台》片中的送行、訪英台、哭墓等片段至今仍傳唱，同樣題材電影也重新翻拍。

表演實踐篇

跳舞沒有絕對的原則或方法，隨著所想的方式去跳就行，不過，在跳舞時還是會注意用什麼樣的姿勢、動作，要表現什麼內容，要費多少氣力呈現力道的質感、欲表達感情或情緒。在第二章提到舞蹈與運動的關係；在第三章亦提到與舞蹈有密切關係，包括音樂、美術、戲劇等基本概念，因此，在學習本章時可以先複習一下第二章及第三章，就可以來跳舞吧！體驗一下舞蹈。

Chapter 10

體驗跳舞

- 運用身體
- 技巧
- 主題與鋪陳

一、運用身體

　　「身體」是跳舞的工具，舞蹈以身體為媒介表現與傳遞訊息，因此，身體（body）是運動、動作的基礎。雖然跳舞並沒有規定要好直挺的好身材，甚至有些舞蹈縮腰駝背更能跳其風格，不過，許多人跳舞確實期望能夠利用舞蹈調整身型、姿勢，也養成運動時能做到不易受傷的正確姿勢。因此，要開始學習運動，首先可先學習調整姿勢。人的身體是一個有如建築物般的結構體，骨骼就像建築物的鋼骨架，骨骼的位置與角度，決定姿勢的「形」；而肌肉包覆著骨骼，肌肉的長度與力量則影響動作表現的結果，身體能端正、使用力道也恰到好處，便能展現儀態的美妙。

　　良好的姿勢體態較符合人體工學，不容易產生腰痠背痛及運動傷害。跳舞前後可以先從日常生活學會觀察別人的行進、站姿與坐姿，要經常對自己的身形體態有意識地關注，如果脊椎與關節不正，長久或過度的練習對身體反而不利。首先，你可以辨識別人身體正或不正時，接著再回頭檢視自己，如果家裡有一面落地的大鏡子，會很方便讓你每日都可檢視自己正面能看到的立姿體態，看看自己的姿勢與動作是否正確、協調。由於自己不容易看到自己的部分動作，如果沒有鏡子則可以倚賴家人或朋友的眼睛幫助你，或請他人將你的姿勢或行動錄下，再從錄像中檢視自己的行動。

　　如果是身體筆直面對鏡子站立於鏡前，想像身體從頭到腳的中心有個中線，檢視從身體的頭頂到頸部、胸部、腰部到雙腿中間至雙腳中間線，從身體正面看去，檢視這條線由頭貫穿至腳的中間軸線是否是直的。另外，想像身體中線垂直於地面，再想像身體左右側所拉出的橫線要垂直於中間線，檢視身體左、右位置的高低是否相同且對稱。

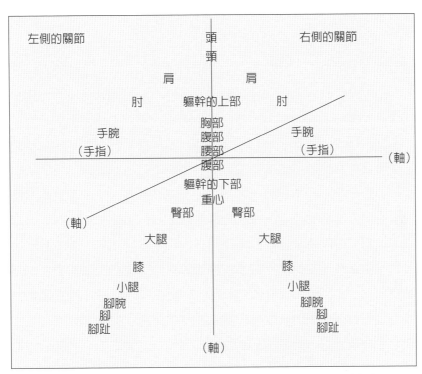

圖10-1 身體部位由上而下的中間軸線與身體左右兩邊對稱

　　身體背面的檢視，可能需要朋友或家人幫忙，或是請朋友用手機幫你照張像。身體背面的檢視方法如同身體正面檢視方法，由身體後方檢視身體的中線是否筆直、身體肩高、肩頰骨、臀部等部位的左、右兩側是否高低相同對稱，好的體態姿勢，是不會顯現身體一邊高、一邊低。其次，讓身體向前彎，即身體前傾、頭下垂，檢視身體背部左側與右側左右高度是否相對應，即是否同樣高度。

　　身體側面站姿的檢視方法是觀察從身體側面看去，由耳朵、肩膀上方的突點、大腿側面、小腿側面到腳跟（偏前的位置）的直線是否筆直。身體側面腹部與骨盆位置是重要的檢視部位，可試著屈膝或蹲馬步，由側面檢視是否能做到身體能挺直、臀部不後翹。許

多習舞者都有臀部後翹、上胸過挺的錯誤體態。

　　總之，無論是身體的正面、蹲步、側面、背面或彎背，其標準就是身體的中心線要直，左右高低相同，是理想端正的身體姿勢。但每個人都有慣用側，也就是經常使用身體同側來操作身體，例如，習慣以右手拿道具或習慣跳舞都只用左腳支撐舉右腿，特別是編舞者也會編排舞者擅長且表現較佳的動作，因此長久下來身體左右兩邊的表現能力就越差越遠，平時練習時不要忽略另一側的練習，雖然不慣用側表現較差，但不要因為過度避開不練習導致慣用邊與不慣用邊身體兩邊差異越來越大，左右不協調，容易受傷。

　　人每天能保有行動力，就是靠動作的運作，而動作是靠每一個姿勢而貫連起來的，反覆的姿勢變換與動作操作會影響體態。**脊椎側彎**（scoliosis）顧名思義身體重要的骨架脊椎產生側彎傾向，雖然發生原因不很明確，但經常能關注自己身形體態，保持良好姿勢，運動維持健康仍是醫學上所建議的。

　　一般我們常會聽到對駝背者修正姿勢的建議就是「貼牆站立」以調整姿勢，讓身體以牆為基準挺起胸膛，這確實是個方便的好方法。但讓身體躺在地板上是更簡單的方法，因為直接利用地板的平整度與硬度，讓身體放鬆平躺於上就可更方便地調整身體。其方法如下：

1. 在床上或潔淨的地上躺下，建議床墊不要太軟，若躺在地板可在地面先墊上軟墊或市售瑜伽用墊。
2. 躺下後讓雙腳屈膝與肩同寬，腳底著地，背部貼地。腳部屈膝是由於人體脊椎原有弧度，若雙腳屈膝就能使腰椎處接近地面。雙手置於腹部或身體兩側皆可。
3. 姿勢的動作要領是閉上雙眼想像身體從頭部、頸椎到腰椎尾椎是否成一直線，或者先請一起運動的同伴幫忙辨識後，再

維持姿勢一段時間。

4.延伸動作。延伸動作的姿勢是將雙腳彎至胸部，手部環抱雙腳，此時，整個背部到腰部可以緊貼地面。

做動作時當然可以配上柔美的音樂，聽著音樂的旋律調整情緒，動作會更自然放鬆，配著音樂的節奏，還可以調整呼吸，可以試著音樂的一至二個小節長度控制呼吸。

此外，可試著屈膝（蹲馬步），檢視在屈膝蹲馬步時，膝蓋是否對準腳尖位置，腳踝不偏倒。膝蓋對準腳，表示身體的重量有放對於腳部可以承受的位置。無論如何，姿態是最重要的，雖然跳舞並不一定要用正確的姿勢與體態表現，但有些人學習跳舞的目的是想維持良好體態。

運用身體的部位活動其實就可以跳舞，動手或動腳、上肢運動或下肢運動，兩個以上的身體部位組合可以形成走、跑、跳、轉、爬等基本動作，運用基本動作配合時間性快的還是慢的、空間性往前、往後、往上還是往下，再決定用力作還是輕輕做等動作的串聯，其實就可以表現舞蹈了。

課題一：「舞」與「蹈」

「舞」是移動位移或繞圈、繞場，「蹈」是用腳踐踏、跳起。將人員分成兩組，一組人利用任何可位移、可繞圓的位移動作或繞圈旋轉，另一組人以跳躍、踏步動作做動作。看所形成的「舞蹈」畫面。

二、技巧

舞蹈並不一定需要技巧，在此所指的技巧是指身體動作的難

度，但區別一個人的舞蹈功力表現力，舞蹈技巧能力往往可能造成重要的影響。在第二章為了分析舞蹈與運動的關係曾經做過說明。比如身體柔軟度，指身體關節活動的範圍，一位身體柔軟度好的舞者，比起柔軟度差者更能表現出伸展的樣態。

演需要體力做整場的演出，這裡所指的體力就是physical fitness，維持身體能持續跳動最重要的就是和循環系統與呼吸系統有關的心肺耐力（cardiorespiratory endurance）。

實際上舞蹈的動作表現也需要體力來把動作做得更好，跳舞的過程中，可以讓觀者覺得很穩定者就是舞者動作技巧的平衡感很好。**平衡**（balance）是身體能掌握重心，與地心引力保持均勢的狀態，一般認為平衡都是靜止狀態，狹義的平衡動作定義是單腳站立；但動態時也需要平衡感的表現，能保持平衡感與肌力也很有關係，肌肉要有力量。**協調**（coordination）是身體兩個以上部位運作的整合力，特別是舞蹈需要一個基本動作接續另一個動作的連結表現，或是兩個具有難度動作的連續，例如平衡動作接續旋轉，因此身體對能將動作時間、韻律、順序控制得宜，跳起舞來不會不穩，身體動作能與道具的操作動作配合，讓動作看起來平穩順暢就是平衡感與協調性的表現。

敏捷（agility）、**速度**（speed）、**瞬發力**（power）的表現，都有能「快」得起來的意味，舞蹈在一定範圍內身體活動，有時身體的動作必須變換方向快速、反應要快，在短時間內仍讓身體從這兒到那兒快速位移，或者短時間內使出最大的力量。瞬發力是力量與速率的關係，由此可見要身體快得起來肌力（muscle strength）很重要。**旋轉**（pivot）、**跳躍**（jumps、leaps）需要短時間出力才能展現，大多動作表現是一連串的持續反覆狀況，此時需要肌耐力（muscular endurance）。

大多數類型舞蹈的舞者都能保持較佳的關節柔軟度（joint

flexibility），當關節活動度較大，能展現的動作較多，跳舞時有時需要靠身體像波浪（wave）般做柔韌單腳高舉的平衡動作，或是柔軟度、平衡、旋轉結合的動作，都是需要極佳的柔軟度才能將動作做得好看。身體做出來的樣態，無論靜態或動態，要能抓到身體的重心位置才能掌控身體動作，此時，柔軟度佳例如舉腿的高度越接近身體則有利維持平衡。

　　做動作用的力量有多少、做了多少的「努力」就是力道（effort）。力道是重量（weight）、時間（time）、空間（space）、流動（flow）的組合，主要在探索動作的質感。力道通常有一定的原則，比如說要狠狠給他一拳，顯然不可能是慢的、或不給力無力道的，時間上也應該短暫的；但要表現「輕盈飛起」則不可能重而有力的感覺。動作的速度決定動作能量使用的多寡和動作感覺，時間短有突然（sudden）的感覺，時間長就是持續性（sustained）。想像

圖10-1　技巧動作

與模擬可以如何掌握要表現出來的樣態,「花了多少精力?多強、多弱,像什麼一樣強或重,像什麼一樣弱與輕等,利用意象學習探索細微力道變化的動作表現。

為了有助於表現力,舞者對於自己的身體訓練總是不懈怠,跳舞雖然可以置換道具,有些人也能像表演特技般一直挑戰身體極限,但人體身體力學結構不會改變,身體力學原理也難以改變,舞蹈應該致力於如何做到欲表達或做到的樣貌,不要僅在意高難度動作技巧的展現,讓舞蹈表現流於像是體操或特技的表演。

課題二:你踩我躲、我踩你躲(遊戲)

兩個人手拉手,互相要踩到對方的腳為止。你必須踩我的腳,我也要踩你的腳(攻擊);你必須不讓我踩到你的腳,我也必須不讓你踩到我的腳(防守),但注意踩腳只需碰到即可,切勿過度用力踩對方易造成受傷或爭執。即好像用腳來打架一般,專注在能碰到對方的腳的同時,要避免對方碰到自己的腳而做出腳部快速位移或快速舉起的反應。

圖10-2　你踩我躲、我踩你躲

　　一個人跳舞稱爲個人舞、獨舞，一般不是獨舞的部分則是兩人以上，稱之爲團體舞、群舞；但兩個人跳可以說是雙人舞，三人以上則是群舞，但依人數的多寡，有小團體、大團體之分。在跳團體群舞時，畫面可能獨舞、雙人、群舞交替出現。

　　當一個人跳舞時，因爲身體本身就是一個**形**（shape），所以無論你是站著、半蹲、坐著、俯、仰都是一個造型；若當身體彎曲、伸展、蜷縮等這個造型就在變化，其實也是跳舞的姿態；如果用身體畫弧、翻滾、旋轉等形成會變換變動的造型。

　　如果是雙人以上，則有組合的方式，讓造型有更多變化；前後、左右、高低位置的變化，造型便會不同。或者兩的的關係是手牽手還是搭肩，或者身體觸碰等動作樣態也不同，兩人動作整齊統一地一起動或各做不同動作，左右對稱或依序、輪流可以做不同的組合。

【位置】

　　個人——前、後、偏前、偏後、右、左、偏右、偏左

　　雙人——前後、左右、高低

　　群——分散、聚集、直排、直列、圓形、方形、對齊、錯開

【動作】

　　個人——站著、半蹲、坐著、俯、仰

　　雙人——手牽手、搭肩、身體觸碰身體

【形】

　　個人—— 直立、蜷縮、伸展、彎弧、滾、翻轉

　　群——統一（一起）、各自不同、對稱交替、依序、卡農

　　關係——你與我之間、他和他之間、用了什麼東西、在哪裡、什麼情境

課題三：照鏡子

兩人一組，一個人當「鏡子」是被引導者（Ａ）；另一人為引導指使者（Ｂ）。由Ｂ引導者做動作，而Ａ必須模仿做Ｂ的動作。擔任鏡子者要注意鏡子中所對稱**相對位置**。為了讓作鏡子者Ａ可隨時觀察到Ｂ細微的動作變化，Ｂ做動作者必須放慢動作，好似打太極拳或放慢動作般要慢慢地進行，才能如同真正照鏡子般地讓與Ａ與Ｂ的動作看似同步進行出現。

可輪流擔任「鏡子」，即在途中交換擔任鏡子的角色，Ａ或Ｂ都可以調整動作互相模仿，也互相觀察對方動作的變化。

課題四：藝術家的雕像造型

兩人一組，第一個人（Ａ）與第二人（Ｂ）輪流做出姿勢（造型動作）；即第一個人（Ａ）先做一動作，另一個人（第二個人Ｂ）再依據Ａ做的動作決定該如何「框住」或「扣住」Ａ，成為一類似雕像的造型動作。Ｂ先快速觀察Ａ的動作，Ｂ再做出「環環扣住」Ａ的動作；觀察兩人做出的造型動作後，再由Ａ退出「造型」，接著由Ａ觀察Ｂ的動作，再做出一適當或喜歡的動作姿勢，就這樣接續輪流地做動作姿勢，每次的組合將出現不同的造型，猶如藝術家所做的雕塑，或像是公園中置放的藝術作品。先由一個人當雕像靜止動作，另一個人再與原先雕像結合，原則上不要有肢體接觸。

決定動作表現所呈現出來的樣態「質感」，力道的表現與身體動作的時間、空間、流動、重量等要素有很密切的關係。很用力且動作快速，突然又直接，那就會節奏性強烈；如果動作慢而迂迴，使用的力量較小則像是旋律性較明顯。一般來說，心理影響生理，動作質感的表現需要意象的訓練，揣摩所要表達的表現結果。

課題五：慢動作武打套招

　　或許你曾經看過電視上播出武打片的慢動作畫面，舞蹈的尬舞常會做動作的演練，請模仿一人打一人的對打畫面，但不要真的打到對方，在對方打過來時，當快碰到身體卻還沒真正碰到身體時就要做出受到力量的「反應」，要慢動作且不能真的觸碰到對方。例如，A以慢動作做出打B巴掌的樣子；B要在A無實際打到時就做出被甩耳光而將頭轉向；當B回擊踹了一腳到A的腹部位置，在B還沒真正碰到A時，A就要好像被B踹了一腳，請做出**受力位置與表現動作的準確與正確性**。可利用口語提示來加強動作的表現逼真性，也可藉此有效地抓到動作的速度感。

課題六：他的哪隻手或腳受傷了？

　　兩位同學一組，一位同學（A）躺下，四肢攤開，**專注地想像**：身體的右手或右腳、或左手或左腳已經受傷，傷得非常嚴重，很痛，注意不要換手腳，也就是說，如果想像是右腳痛，就要持續想像是右腳受傷，那份痛感都專注在右腳上，面部不要有表情，閉上眼睛專注在想像上。注意保持環境的安靜，A才能專注於想像。

　　另一位同學（B），在A同學進入想像大約半分鐘或一分鐘後，B同學開始一一檢視 A同學的右手、左手、右腳、左腳，將其輕輕舉起再放下，同樣地必須保持安靜，才能專注檢視四肢的差異，如此逐次檢視四肢後，請告訴A同學你認為他的哪一隻手或腳受傷了。

　　通常同學都能經過檢視後而猜對對方想像疼痛的腳，主要檢視者（B）發現A所**想像的那隻痛手或痛腳重量感（沉重、硬直）不相同**。由這個課題可以體會心理會影響生理，當想像身體的某一部分

疼痛，則該部位肌肉僵硬，重量變重。

三、主題與鋪陳

非舞劇的舞蹈作品仍會是一段時間的演出，即在一段時間內以舞蹈動作有時也包含表情，透過身體傳遞所想表述的內容，或者是有預設想表現的主題，但絕不會僅是一兩個動作就表演完畢。舞蹈的陳述，屬於非口語的訊息傳達方式，也因此即便是具有故事性的敘事性作品，也無法很清晰地將每一個細節表達出來。會有一個主題作為主軸，即便舞蹈作品的名稱為「無題」，「無題」本身也是一個主題。

    1.內容、敘事——刻劃與描述。
    2.意象與意境——敘景、意象、抽象、樣貌。
    3.隨機與即興——碰撞、相遇、發生、巧合、效果。

舞蹈作品在編排上安排開場序、鋪陳、高潮、收場結尾等步驟；就如同本書第二章曾經提到音樂中小奏鳴曲第一章呈式部、發展部、再現部到最後曲子終止式；作文可以安排起、承、轉、合等四個段落；戲劇敘事時，戲劇結構，有透過解釋訴說、上升行動、下降行動到結語。觀眾必須看到想說的事和變化之間的關係。

作文會有題目，表現也有在表現什麼的問題，可以先有想要表現的主題，然後再進行編舞，我們透過觀察、閱讀、生活經驗、某種體驗、天馬行空的創意與想像等，會產生很多很多值得展現出來的舞蹈，同一個題目，不同作者做出來的東西就不相同。有時也可以一些身體的遊戲、即興而引起做出來的東西像什麼，最後再給予命名。**表10-1**是參與各項課題後，由同學參與活動後，透過動作表現的型態、想像情境畫面、思考動作表現的樣貌，再給予每個課題

命題，將所有的命名串聯起來找到一個主題（舞作名稱）。

表10-1　舞蹈的命名與段落流程

> ・海蝕——水面、流水、走砂、水痕
> ・穿越時空——平行世界（模鏡）、地球轉動（旋轉）、環環相扣（磁扣）
> ・自然萬物——草的吹動、石頭雲朵滾動、傾斜線條海的水平線
> ・大豐收——麥田、麥穗、收割
> ・沙漠綠洲——非洲大草原（滾石）、食物鏈
> ・春天的樂章——幾隻小蚯蚓、石頭、活潑的音符在五線譜上跳動
> ・浮生若夢——迎著風漫天飛舞的柔軟蒲公英、臥倒在少年膝上明媚笑臉、朝霞下希望的手
> ・海洋之心發大財——對稱珊瑚、翻滾海帶、牽絲水母

Chapter

11

舞蹈實踐

- 上演舞台
- 台上的其他元素
- 演出計畫
- 其他可行性

　　發表是成果的展現方式之一，將自己的創意或所學成果公開展示與分享給他人，需要勇氣，也是一種理想的實踐。一場發表會需要師生、同儕或是不同領域者間的跨域合作，就表演團隊來說，要考量訓練排程與驗收、演出的執行場地租借、音響燈光；此外，如何宣傳、如何行銷、票務，也還有一連串的行政工作得要進行。本章從舞蹈表演的場域、舞台上的其他要素和演出計畫等介紹舞蹈實踐應知悉的概念。

一、上演舞台

　　實際成為作品表演，一定要考量觀看者欣賞的位置與環境設備。籌辦一場舞蹈發表演出，光讓舞者能伸展的場地空間與地板材質等要考量的事情就非常複雜；就學生課堂製作的作品大多在一般教室或舞蹈教室，或者校內禮堂、演藝廳，甚至露天戶外表演場或球場，表演的場地環境影響著該如何呈現。

　　公開的表演最重要的考量是觀眾可視位置，即舞台視角是由下往上看，還是由上往下看，或者左右位置與環形三面或四面都可以看得到，因為觀眾觀看舞台的位置決定面向與隊形。此時舞台高度也會影響觀賞者所能看到的視角，舞台高觀眾由台下往上看（大多學校體育館舞台便是如此），表演者若於舞台上位置太後面則觀眾無法看到排在後排的表演者表演。觀眾如果是由上往下看的俯角觀看就沒有此種問題，但第一排的表演也不會顯得特別突顯。

　　大多舞台是長方形，即**鏡框式舞台**（proscenium stage），地方文化中心演藝廳和台灣大多學校演藝廳都是這一類型的舞台，觀眾與表演者是面對面；觀眾的視角是由自己的位置往前看。這樣的舞台有些舞台前緣和觀眾席間有**樂池**（orchestra pit），樂池可以升高和降低，樂團在內現場演奏。

　　還有一種舞台像是實驗劇場的**黑盒子劇場**（black box），內部像是一個黑盒子，舞台、觀眾席和設備的可動可調整性較高，大多大學、舞蹈班的劇場屬此形式。

　　時尚伸展台通常正中央會有延伸舞台，通常是**伸展式舞台**（thrust stage），又稱爲三面式舞台，舞台三面都可面對觀眾，這樣的舞台不適合裝置大型道具和布景。日本歌舞伎表演廳將舞台延伸至觀眾席稱之爲「花道」，表演者可以走位至延伸出去的伸展台，舞台坐右側的觀眾都可以更近距離接近並看到表演者。

　　大會舞般體育館的表演，多數觀眾於觀眾席由上往下看舞台，即**中心式舞台**（arena stage），可以清楚看到隊形變化。舞台的位置以舞者面對觀眾爲主，觀眾的左側（表演者的右側）爲右舞台，另一側爲左舞台。

二、台上的其他元素

　　舞台表演通常就會設置燈光與音響。燈光設計是舞蹈表演者專業之外的事，燈光設計對舞蹈作品呈現能加強效果。但燈光是另一個專業者之事。

　　燈光的功能除了照明、營照氣氛，還可以強調，強化主題、時空以豐富演出的視覺效果。燈光能改變明暗度和顏色的特性是最可以理解的，特別是明暗亮度是最容易改變的，亮度可以製造很多的效果，光的強度與模糊度往往影響光罩所呈現出來的質感。舞台兩側大多設有布幕，兩側的布幕稱之爲翼幕，**圖11-1**爲舞台的平面圖，圖上兩側所畫的橫線就是翼幕；翼幕的功能在於可以遮蔽舞台兩側；舞台最後爲**天幕**（cyclorama），可以作爲舞台燈光打色或投影製造效果。

　　燈光所製造的顏色可以呈現強烈的戲劇性，不過，色光本身有

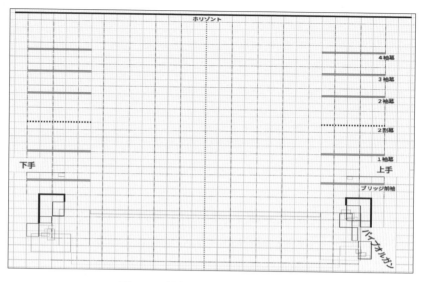

圖11-1　鏡框式舞台的舞台平面圖

（圖為日本新宿文化中心內之大舞台）

顏色因此需要注意改變其他原來的服裝色調或舞台設計，但顏色瞬間改變就能有如場景瞬間變換。燈光還有照射方向與照射區域的控制，方向不同光與影可能造成不同的變化；有些表演需要引導觀眾觀和區域引導觀眾的目光，此時燈光可以幫上忙。

　　舞蹈表演不一定需要架設燈光，例如，白天在戶外廣場表演的情況就沒有燈光的問題，反而是服裝、道具與音響通常是不可欠的設備。

　　服裝是依照要表演的內容、角色所設計，能夠便於做動作是需要考量的，因此服裝材質、布紋走向會影響伸縮性，至於色調配色或要確定服裝在舞台上的效果則需要累積經驗，因此，經費充裕可以請專業服裝設計師設計討論，大多舞台服裝製作重點不在於質感很好價位高的布料材質製作，重點還是動作能執行、視覺效果符合表演的主題。有些學生的活動同學們經常以自己的巧思，無論是塑

膠袋、坯布、彈性布、報紙等都可以利用成為製作服裝、道具和造型的素材。

三、演出計畫

　　舞蹈作品發表最重視的雖然是作品本身、編舞者的構想、舞者的表現力，但任何一個表演活動往往無法僅靠編舞者與舞者，包括整個演出計畫從提案撰寫到整個執行過程，往往需要多人付出心力與努力共同合作的結果，還有一些紙上作業的工作要進行，例如演出計畫。

　　演出計畫必須列出演出的目的宗旨、負責人員、預定的演出節目與表演的性質、工作人員分工的職位與任務，還需列出經費預算表。由此可知，準備計畫演出除了編舞者與表演者，事實上從演出前到正式演出需要動員相當人力，當然依照表演或團隊的規模，工作的任務分配可以精簡調整，通常會包含行政群、技術群、表演群三個主要分工。

　　一般學校團隊的演出，校長、院長、指導老師多負責行政協助工作，學生會、系學會學校行政單位或教學單位，則協助道具及器材設備上的支援；如果屬於課程的期末發表就更適合於校內上演，因為於校內演出不但環境熟悉，資源與人力運用起來也都能便於掌握。如果需要考量赴校外，就一定得考量運費與吃住費用的支出；如果需要赴國外演出，自然人員必須精簡，或必須確定對方邀請單位所能提供的資源。有些舞團本身就不是大型公司，可能是創辦者經營舞蹈教室為了演出所組成的表演團隊，因此技術人員並非固定擔當者，多為商業合作的關係；至於行政人員多以經營舞蹈教室者的人脈為主，流動率可能也高。

　　一般節目單上都會列出各個表演團體的主要團隊成員與職位，

可以作為自己班上規劃表演時之參考，大多工作職務顧名思義都能理解其應盡之工作任務與職責。細部的工作內容當然可以經過協商調整。

◎美國艾文・艾利舞蹈團

　　彩排指導、總經理、舞團經理、製作舞監、燈光監督、服裝監督、舞台監督、木工技師、電器技師、財務管理、音響監督、製作助理、電器助理、拉幕人、舞團老師。

◎李蒙舞蹈團

　　藝術總監、製作指導、管理指導、舞者、燈光設計、藝術助理、業務經理、服裝管理、燈光管理。

◎荷蘭舞蹈劇場

　　藝術總監、編舞、藝術顧問、作品顧問、音樂、錄音、燈光設計、舞台及服裝設計、影像設計（概念、拍攝指導、剪輯）、排練指導。

◎德國萊茵芭蕾舞團

　　編舞家、指揮、舞台及服裝設計、燈光設計、排練指導、演出（舞團舞者）、樂團。

（依照各舞團來台演出節目單所示）

　　如果對外借場地必須提出演出計畫，讓提供場地的單位清楚接用目的、使用性質，並能確定責任者，表演的進行方式是合適於該場地。舞台工作最精簡的情況大概仍會保留藝術指導、舞台監督、

表演者、工作人員；另燈光有燈光的團隊，音響有音響的團隊，許多
學校的演出，燈光、音響會外包給廠商。其實，無論組織規模大小，
最重要還是在於工作「能做」，有人能做到讓表演順利演出完畢。

　　此外，由於舞台工作複雜且需要多人分工，一場演出大家彼此
分工，會有工作流程表，在工作中有所謂Cue表，表示Cue點，也就
是何時執行，因此在節目確定後會有驗收，各個團隊間要確認工作
的執行點進行紙上作業，將Cue表完成。

表11-1　演出計畫簡要範例

演出實施計畫

一、主旨：（略）
二、指導單位：（略）
三、主辦單位：（略）
四、承辦單位：（略）
五、協辦單位：（略）
六、預定演出時間／地點：○年○月○日（星期○）（地點）
七、演出型態：舞蹈
九、演出內容
　　上半場節目內容　　（略）
　　下半場節目內容　　（略）
十、工作職掌

1.演出人	綜理舞蹈公演各項業務 舞蹈公演支援贊助
2.行政顧問	輔導演出前後各項行政業務
3.演出執行	決定演出場地、安排場次 總策劃演出內容 指導演出相關事宜 執行演出前後各項行政業務 召開籌備會議、擬聘各工作人員 協助各項招標事宜（文宣品、服裝、道具、燈光等） 舞蹈服裝、道具設計圖初稿及數量清單擬定 並於製作期間內負品管監督之責 演出節目策劃、職掌分工、工作進度協調 經費預算編列及支出控制

舞蹈與美學賞析

4.演出組	協調舞者，排練時間表訂定公告 演出節目舞序安排、劇照拍攝及聯繫 舞者訓練及演出管理 節目排練、技術訓練 服裝送洗與歸位
5.文宣組	文宣品、新聞稿文案撰寫 海報、節目冊、請柬、謝卡、入場券初稿等製作與寄發 貴賓名單擬定 請柬、謝卡擬定寄發 籌辦記者會
6.票務組	各項票券分配及規劃 票務、稅務之劃分 協助公關文書之事項
7.舞台監督	演出當天劇場相關事務之掌控執行 催場、演出人員活動及時間控制 演出當天安排演出人員走位及彩排 順排、彩排時間安排及執行
8.舞台助理	後台場地使用分配、服裝道具定位 舞台燈光技術人員聯繫 攝影、錄影人員聯繫安排 演出場地接洽錄影許可及錄影工作接待協調 演出後整理服裝道具點收裝箱及場地整理
9.音樂製作	節目音樂剪輯錄音 配合演出流程掌控音樂播放
10.前檯組	前檯布置 貴賓接待 貴賓席位置席次安排掌控 花籃收受登錄、獻花秩序維持
11.行政組	演出場地行文及演出前聯繫 申購各項相關用品 演出行政善後及資料建檔 演出錄影資料拷貝建檔 演出過程錄影整理
12.平面設計	（略）
13.舞台設計	（略）
14.燈光設計	（略）
15.服裝設計	（略）

四、其他可行性

　　喜愛參與表演者如果團隊本身經費不夠充裕，則可申請報名參與公部門的文化祭、藝術季等活動，雖然多由各演藝團隊標案，但通常都設有計畫經費的補助；另也有一些活動以促進交流爲目的廣徵演出團隊，舞台執行部門負責不同團體的演出執行，有時舞台的設計必須精簡以利執行。

　　參加舞蹈比賽是另一種選擇，籌辦競演的單位會提供表演場地，但舞蹈比賽通常對舞蹈類型有較大的限制，因此，編創舞蹈者往往受限於可參賽的舞蹈類型使演出的內涵無法盡情發揮，特別是創作型的舞蹈比賽則評審評分可能較爲主觀，最後可能不是眞正的藝術性表現，而是「技」的較量。由於籌辦單位因爲負責場地租借管控，還需要花費經費聘請評審，因此有些比賽都需要收取報名費，如果是出國比賽更是需要考量住宿籌措旅運等費用，當然，有

大學參與地方觀光局舉辦活動的演出

些比賽設有獎金或獎學金,可考量自己或表演團隊的情況,許多學校出國演出通常是由旅行社招標包辦。

　　行銷公司接下公私部門的案子,由行銷公司負責籌劃與協助整個演出的進行,純粹愛表演者倒是可以配合這些案子編排舞蹈表演,但恐怕多數表演活動都屬商業性質。

結　語

　　教育(education)字源係來自拉丁文的名詞education,動詞educare或educere,為養育或引出之意。每一位教師都是具備某方面的專長者,一位舞蹈老師要教導學生什麼是舞蹈,如何體驗舞蹈可能不會是太困難的事;設定教學目標、決定內容範圍,採用各式教學呈示的方法引導學生對舞蹈產生興趣,對跳舞有恐懼有排斥感者能在教師的引導下學生開始體驗與願意參與舞蹈,且試著瞭解什麼是舞蹈,這樣的安排學生學習與教育的歷程是教師較易做到之事。不過,如何教導學生**懂美**卻是一件抽象的事。所幸藝術創作不是抽象之事,藝術創作的概念在藝術家的腦裡都要先轉譯成具體意象才表現於作品。

　　有審美的眼睛才能見到美,實用的知覺起於經驗,當感官接觸事物,呈現形相於直覺時心裡才能明瞭「美」意。朱光潛(2014)在《談美》一書中提出免俗以談美感的修養。

　　善有所賴而美無所賴,善的價值是「外在的」,美的價值是「內在的」。……就廣義說,善就是一種美,惡就是一種醜。……西方哲人心目中的「至高的善」還是一種美,最高的倫理活動還是一種藝術的活動了。

　　每個哲學家和科學家對於他們自己所見到的一點真理(無論它究竟是不是真理)都覺得有趣味,都用一股熱忱去欣賞它。真理在

離開實用而成爲情趣中心時就已經是美感的對象了。

藝術是情趣的活動，藝術的生活也就是情趣豐富的生活。情趣豐富，生活也愈美滿，所謂人生的藝術化就是人生的情趣化。「覺得有趣」就是欣賞。……欣賞也就是「無所爲而爲的玩索」……「慢慢走，欣賞呀！」

俗一樣難以定義，但識美是一種修養，仍需要有意識地不斷地累積與修爲，賞與析的過程是一種方法。具體的意象才能引起深切的情感，藝術家釐出一種意境而造出一種「形相」，雖然創造要根據想像與情感，創造之中都寓有欣賞，欣賞只要能得見出一種意境，如果得見其意境則第一次的美感獲得就是獲得美感經驗，透過瞭解與領悟、體驗與實做，從獲得美感的經驗中，不斷的反覆接觸、無數次的體悟與領略，則或許就能漸漸較有把握地知覺自己對美領略的意境。

教師的角色最重要在於引導，學校、社會環境與政策在於提供培養靈感的工具與機會，交互作用；學習欣賞人生的美好，雖然至眞不一定美，但善則通往美矣，領略善美境界，品味美好人生。

參考文獻

一、中文

丹青藝叢編委會（1989）。《當代美學論集》。台北：丹青圖書有限公司。

王俐之譯（2005）。Noa Belling著。《瑜珈慢慢來》。台北：相映文化出版。

平珩主編，張中媛等著（1995）。《舞蹈欣賞》。台北：三民書局。

伍香芝（2004）。《李天民——舞蹈荒原的墾拓者》。台北：行政院文化建設委員會。

安梓濱（2013）。《原住民樂舞之舞台化探討——以國立東華大學原住民民族學院舞團為例》。台東：國立東華大學。

朱光潛（2014）。《談美》。台北：新潮社文化事業有限公司。

江映碧（2004）。《高棪：舞動春風一甲子》。台北：行政院文化建設委員會。

何恭上編著（1998）。《芭蕾舞劇欣賞》。台北：藝術圖書公司。

呂鈺秀（2003）。《台灣音樂史：原住民音樂》。台北：五南圖書。

李天民（1986）。《舞蹈藝術概論》。台北：正中書局。

李東榮（2015）。《劇場燈光設計與實務》。台北：書林出版有限公司。

李哲洋譯（1985）。蘆原英了著。《舞劇與古典舞蹈》。台北：全音樂譜出版。

李純玲譯（2011）。《康德美學》。台北：聯經出版社。

汪其楣（2004）。《舞者阿月》。台北：遠流出版公司。

周金環、馬鍾元譯（2000）。克萊夫‧貝爾著。《藝術》。台北：商鼎數位出版。

林郁晶（2004）。《林香芸：妙舞璀璨自飛揚》。台北：行政院文化建設

　　委員會。

林倩葦譯（2013）。Jochen Schmidt著。《碧娜・鮑許：舞蹈 劇場 新美
　　學》。台北：遠流出版公司。

林懷民（1989）。《說舞》。台北：遠流出版公司。

河靜宜編著（2014）。《滿級分中西音樂史精要》。台中：古韻事業文化
　　事業有限公司。

徐淑貞譯（1983）。尼爾・艾勒等著。《音樂之旅》。台北：好時年出版
　　社有限公司。

張瓊方（2017）。《幼兒體能與律動指導》。台北：揚智文化。

張瓊方（2018）。《休閒心理學：心理學概念、休閒與管理》。台北：揚
　　智文化。

張瓊方（2019）。〈大學通識體育舞蹈課教師教學設計與學生學習成效
　　之研究〉。《致理科技大學通識學報》，第6期，頁159-174。

張瓊方（2019）。〈舞蹈課中服務他人策略對學習成效之影響〉。《彰化
　　師大體育學報》，第18期，頁1-24。

莊志強（2014）。《泰雅族獵人養成之文化底蘊及其教育價值》。台東：
　　國立東華大學。

游敬倫（2009）。《不運動，當然會生病》。台北：新自然主義股份有限
　　公司。

焦雄屏（1993）。《歌舞電影縱橫談》。台北：遠流出版公司。

趙綺芳（2004）。《李彩娥：永遠的寶島明珠》。台北：行政院文化建設
　　委員會。

劉芹（1993）。《中國古代舞蹈》。台北：台灣商務書局。

劉恩伯、張世令、何健安（1981）。《漢族民間舞蹈介紹》。北京：人民
　　音樂出版社。

歐建平（2005）。《你不可不知道的世界頂尖舞團及其歷史》。台北：高
　　談文化事業有限公司。

蔡美玲譯（1989）。Michael Billington著。《表演的藝術——藝術活動欣
　　賞指南》。台北：桂冠圖書。

鄧曉芒譯（2004）。Immanuel Kant著。《判斷力批判——康德三大批判之三》。台北：聯經出版社。

錢世錦（1993）。《世界十大芭蕾舞劇欣賞》。台北：大旅出版社。

薩古流巴瓦卡隆（2006）。〈祖靈賜與的寶物排灣族的陶壺〉。《台灣原住民族教育論叢》，3：42-47。

譚昌國（2006）。〈神賜到人造——琉璃珠對排灣人的文化意義〉。《舞動民族教育精靈臺灣原住民族教育論叢》，行政院原住民委員會，3：48-71。

二、外文

FIG 2004（2005）。《採点規則　新体操女子》。財団法人日本体操協会。

荒木恵美子、礒島紘子、井上邦江（1994）。《身体表現の学習－系統的な学習指導をめざして》。東京：遊戲社。

勝田茂（1993）。《運動整理学20講》。東京：朝倉書店。

小林敦子（2017）。〈阿波踊りの統一的集団舞踊への変容〉。《比較舞踊研究》，23：1-11。

神沢和夫譯（1985）。ルドルフ・ラバン著。《身体運動の習得》。東京：株式会社白水社。

神澤和夫（1996）。《21世紀への舞踊論》。東京：大修館書店。

張瓊方、頭川昭子（2005）。〈台湾で上演された中国古典武舞作品の特徴〉。《茨城健康スポーツ科学》，23：9-22。

張瓊方、頭川昭子（2006）。〈台湾で上演された中国古典舞踊作品の特徴〉。《体育学研究》，51（6）：737-756。

張瓊方、木山慶子（2016）。〈台湾における原住民族舞踊表現の変容パイワン族に着目して〉。《2016身体運動文化学会第21回大会　日本人と身体運動》，頁25-26。

張瓊方（1996）。《中国民族舞踊における古典舞踊作品のイメージと構成に関する研究》。筑波大学体育研究科修士論文。

張瓊方（2007）。《中国舞踊の継承と展開　台湾における舞踊教育システムと舞踊表現》。平成18年度筑波大学大学院人間総合科学研究科体育科学専攻博士論文。

張瓊方（2015）。〈コンクールで上演された台湾原住民舞踊作品の特徴〉。《2015日本体育大会第66回大会予稿集2020東京オリンピックパラリンピックと体育スポーツ科学研究》，頁89。

湯河京子譯（1993）。《バレエとモダン·ダンス−その歴史》。東京：音楽之友社。

頭川昭子、横山裕子、高橋うらら、張瓊方、島岡彰子、唐沢優江、三木綾子（2003）。〈国際創作舞踊コンクール受賞作品の外的イメージと内的イメージの関連〉。《身体運動文化研究》，10（1）：47。

頭川昭子（1995）。《舞踊のイメージ探究》。東京：不昧堂。

平凡社教育産業センター編集（1983）。《演劇映画テレビ舞踊オペラ百科》。東京：株式会社平凡社。

片岡康子等（1991）。《舞踊学講義：舞踊の意味と価値》。東京：大修館書店。

木山慶子、張瓊方（2016）。〈台湾における教育課程の検討−体育の舞踊と芸術の舞踊を通して−〉。《群馬大学教科教育学研究》，15：39-48。

木山慶子、張瓊方（2018）。〈台湾舞踊教育における「舞踊クラス」の理念と現状〉。《身体運動文化研究》，23（1）：39-55。

Au, Susan (2002). *Ballet and Modern Dance*. New York, NY: Thames and Hudson. p. 90.

Carpenter, B. S. & Tavin, K. (2009). Enacting Curriculum Through/ with/ By/ For/ Of/ In/ Beyond/As Visual Culture, Community, and Public Pedagogy. In E. Malewski (Ed.), *Curriculum Studies Handbook-The Next Moment.*

Carpenter, B. S. & Tavin, K. (2010). Art Education Beyond Reconceptualization. In E. Malewski (Ed.), *Curriculum Studies Handbook- The Next Moment*, pp. 244-258.

Christine Zona, & Chris George (2008). *Gotta Ballroom*. United States: Human Kinetics, Inc. pp. 13-214.

Cyndi Lee & Laurie Dolphin (2004). *Om Yoga Today: Your Yoga Practice in 5, 15, 30, 60, and 90 Minutes*. Chronicle Books.

Douglas-Klotz, Neil. (1990). Ruth St Denis: Sacred Dance Explorations in America. In Cappadona, Diane & Doug Adams, *Dance as Religious Studies*, pp. 109-117. New York: Crossroad.

Freytag, Gustav (1900) [Copyright 1894]. *Freytag's Technique of the Drama: An Exposition of Dramatic Composition and Art* by Dr. Gustav Freytag: An Authorized Translation From the Sixth German Edition by Elias J. MacEwan, M.A. (3rd ed.), Chicago: Scott, Foresman and Company, LCCN 13-283.

Hodgson, John (2016) [2001]. *Mastering Movement: The Life and Work of Rudolf Laban*, pp. 64-67. Routledge [Methuen Drama].

Kaufman, Sarah L. (2015). *The Art of Grace: On Moving Well Through Life*. New York: W.W. Norton & Company.

Kurth, P. (2001). *Isadora: A Sensational Life*, pp. 28-29. Boston: Little, Brown & Co.

Legg, Joshua (2011). *Introduction to Modern Dance Techniques. Hightstown*. NJ: Princeton Book Company.

Mansbach, Adam (2009). *The ascent of hip-hop: A historical, cultural, and aesthetic study of b-boying*. Boston.

Miller, Kamae A. (ed.) (1997). *Wisdom Comes Dancing: Selected Writings of Ruth St. Denis on Dance, Spirituality and the Body*. Seattle: Peaceworks.

Preston-Dunlop, Valerie (2008). *Rudolf Laban: An Extraordinary Life*, pp. 14-15. London: Dance Books.

Rhonda K. Garlick (2009). *Electric Salome: Loie Fuller's Performance of Modernism*. Princeton University Press

Ruyter, Nancy Lee Chalfa (1996). The Delsarte Heritage. *Dance Research: The*

Journal of the Society for Dance Research, 14(1): 62-74

Scheff, Helene; Marty Sprague; Susan McGreevy-Nichols (2010). *Exploring Dance Forms and Styles: A Guide to Concert, World, Social, and Historical Dance*, p. 87. Human Kinetics.

Stearns, Marshall Window, & Stearns, Jean (1994). *Jazz Dance: The Story of English and American Vernacular Dance*. New York.

Thomas, Helen (1995). *Dance, Modernity, and Culture: Explorations in the Sociology of Dance*, pp. 48-52. Psychology Press.

Wangh, Stephen. (2000). *An Acrobat of the Heart: A Physical Approach to Acting Inspired by the Work of Jerzy Grotowski*, p. 32. New York: Vintage Books.

三、網站

十二年國民基本教育課程綱要 技術型高級中等學校健康與體育領域，https://www.naer.edu.tw/ezfiles/0/1000/attach/84/pta_18523_9629345_59945.pdf

十二年國民基本教育課程綱要 國民中小學暨普通型高級中等學校健康與體育領域，https://www.naer.edu.tw/ezfiles/0/1000/attach/84/pta_18522_1560772_59945.pdf

十二年國民基本教育課程綱要 國民中小學暨普通型高級中等學校藝術領域，https://www.naer.edu.tw/ezfiles/0/1000/attach/22/pta_18533_2143291_60289.pdf

日本文部省学習指導要領，https://www.mext.go.jp/a_menu/shotou/new-cs/1383986.htm

舞蹈與美學賞析——舞蹈通識、體驗與實踐

作　　者／張瓊方

出 版 者／揚智文化事業股份有限公司

發 行 人／葉忠賢

總 編 輯／閻富萍

特約執編／鄭美珠

地　　址／新北市深坑區北深路三段 258 號 8 樓

電　　話／(02)8662-6826

傳　　真／(02)2664-7633

網　　址／http://www.ycrc.com.tw

　E-mail ／ service@ycrc.com.tw

　I S B N ／ 978-986-298-340-9

初版一刷／2020 年 3 月

初版二刷／2022 年 2 月

定　　價／新台幣 250 元

國家圖書館出版品預行編目（CIP）資料

舞蹈與美學賞析：舞蹈通識、體驗與實踐 /
張瓊方著. -- 初版. -- 新北市：揚智文化,
2020.03
　　面；　公分

　　ISBN 978-986-298-340-9（平裝）

　1.通識課程　2.舞蹈　3.高等教育

525.33　　　　　　　　　　　　109002785